17세의 책,
나의 고민을
들어줘

KB104570

17세의 책,
나의 고민을 들어줘

초판 1쇄 발행 | 2014년 11월 15일
초판 2쇄 발행 | 2017년 6월 25일

지은이 | 이지은
펴낸이 | 최은숙
펴낸곳 | 옐로스톤

일러스트 | 김범수
디자인 | 최인경

등록 | 2008년 3월 19일 제396-2008-00030호
주소 | (121-830) 서울시 마포구 동교동 147-30 3층
전화 | (02) 323-8851
팩스 | (031) 911-4638
이메일 | dyitte@gmail.com

ⓒ 이지은, 2014

값은 뒤표지에 표기되어 있습니다.
파본은 구입하신 서점에서 교환해 드립니다.

이 도서의 국립중앙도서관 출판예정도서목록(CIP)은 서지정보유통지원시스템 홈페이지
(http://seoji.nl.go.kr)와 국가자료공동목록시스템(http://www.nl.go.kr/kolisnet)에서 이
용하실 수 있습니다.(CIP제어번호: CIP2014028841)

고민하는 십대에게 책이 답하다

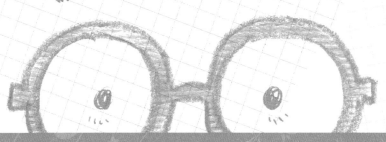

17세의 책, 나의 고민을 들어줘

이지은 지음

독서를 통한 청소년 고민 상담

옐로스톤

청소년 시절 저의 독서 형편은 그리 넉넉하지 못했습니다. 독서의 욕구도 책들을 둘러보며 자연스럽게 생기는 법인데, 중고등학교 모두 학교 도서관이 없었습니다. 집 근처에도 큰 서점이나 도서관이 없었지요. 신도시의 신설 학교들이라 그랬던 모양입니다. 좋은 책을 많이 읽고 싶다는 욕구가 없었던 건 아니었어요. 그런데 왠지 독후감 숙제를 위해 꼭 읽어야 했던 책들은 별로 재미가 없었습니다. 제목만 수두룩 적힌 권장도서 목록은 뭔가 건조한 느낌에 눈이 잘 가지 않았어요. 그러다 책 읽기의 물꼬가 트인 것은 동네 상가 지하에 책 대여점이 생기면서부터였습니다.

서너 평 남짓한 공간에 돈을 벌기 위한 대여점이니 책의 종류가 다양할 리 없지요. 만화, 잡지, 소설이 대부분이었고(그나마도 성인물이 많았습니다), 인기 많은 신간이나 베스트셀러 정도가 전부였을 겁니다. 그래도 제게는 훌륭한 곳이었습니다. 성공한 사람들의 자서전을 읽으면서는 그 치열한 노력에 감탄하기도 했고, 연애 소설을 읽으면서는 내게도 이런 사랑이 올까 설레기도 했지요.

막연히 짜증이 나고 그저 답답한 게 많은 사춘기 시절에 책은 참으로 적절한 분출구였습니다. 책 속에는 우리 할아버지보다 더 심한 알코올 중독자도 있고(할아버지와 함께 살며 매우 우울한 십대를 보냈습니다) 나처럼 무기력한 성장기를 보낸 위인들도 있었으며 직접 경험해 보지 못한 찬란한 자연도 있었으니까요. 고등학교 때에는 입시 공부를 하느라 책 대여점을 드나드는 횟수도 점점 줄었지만, 문제 푸는 공부에 지친 머리는 국어책 문학책 속의 작품에서 쉼을 얻곤 했습니다.

돌이켜 보면 그렇게 한 독서는 참으로 유익했지만 한편으로는 뭔가 허전하고 아쉬웠다는 생각이 듭니다. 마치 편의점에서 혼자 때운 끼니처럼 말이지요. 그 시절 저에게 이런저런 책을 한번 읽어 보라고 귀띔을 해주는 누군가 있었다면 얼마나 좋았을까요. 그 책이 어떤 감동을 담고 있고 어떤 지혜를 주는지 다정히 이야기해 주는 누군가 있었다면 얼마나 좋았을까요. 도란도란 일상을 나누며 엄마가 차려 주는 밥을 먹는 것처럼 말입니다.

지금의 청소년들도 20년 전의 저와 다를 바 없을 겁니다. 꿈과 현실의 괴리 속에서 자존심이 상하고, 지지부진한 내가 싫으면서도 화끈한 노력의 동기를 찾지 못해 답답하기만 하지요. 책 속에 답이 있지 않을까 외로이 책장 앞에 섰을 때 여러분 귓가에 들려주고 싶은 살뜰한 조언을 이 책에 담으려고 합니다.

도움이 될 만한 책들은 물론 학생들을 만나며 나누었던 이야기들,

책 속에서 찾아낸 인생의 답들을 함께 읽을 수 있다면 더욱 유익할 것입니다. 간질간질 싹이 나기 시작하는 지성에 흡족한 만족함도 선물하고 싶네요. 사춘기 자녀와의 대화가 녹록지 않은 부모님에게 아이의 책상 위에 말없이 툭 올려놓아 주고 싶은 책이 되었으면 하는 바람도 담았습니다.

나, 꿈, 행복…… 둥둥 떠다니는 막연한 고민들을 책을 통해 풀어 보세요. 나만 이런 생각을 하는 게 아니라는 편안함과 한층 성숙해진 듯한 상쾌함이 우리를 조금씩 긍정적인 사람으로 만들어 줄 것입니다. 내 마음과 꼭 맞는 구절을 발견해 몇 번이고 곱씹는 즐거움은 맛본 사람만 알지요. 여러분의 손끝에 빤질빤질한 스마트폰 대신 사각거리는 책장의 느낌이 익숙해지길 바랍니다.

슬기로운 성장을 응원하며

이지은

차례

2장 꿈을 찾아가는 여행

3장 너, 나, 우리

4장 행복은 어디에 있을까?

1

나는
누구일까?

한 아이가 까까머리 아가 동생의 머리통의
동글동글 가마를 보더니 엄마에게 묻습니다.
"엄마 이거 보세요. 회오리바람처럼 생겼어요."
"온 우주의 중심이라는 표시란다."
"정말요? 그럼 우리 동생은 특별한 아가네요?"
"그럼. 특별하지. 또 하나 특별한 게 있어."
"뭔데요?"
"그건 네 머리에도 있단다. 이 우주가 너를 중심으로
돌아가고 있다는 뜻이야. 넌 소중하고 특별해."

나를 가두는
감옥의 말

내 안의 열일곱_김종휘

예전에 함께 일하던 동료 중에 노래를 못하는 사람이 있었습니다. 회식 자리에서 억지로 시켜 들어본 그의 노래는 정말 이상했습니다. 부끄러움 때문에 귀와 목까지 붉어지고 마이크를 잡은 손은 달달 떨렸습니다. 음정 박자를 못 맞추는 것은 물론 목소리마저 평소와 달라 시킨 사람이 무안할 지경이었죠. 키 크고 잘생기고 성격 좋은 사람에게서 그런 모습이 보이다니 주변 사람들은 모두 어안이 벙벙했습니다. 다음 날 사람들이 물었습니다.

"왜 그렇게 부끄러워해요? 노래 못해도 그냥 씩씩하게 틀리면 되잖아요. 노래방에선 그런 게 더 재밌는데."

노래 부르는 모습이 그렇게 이상한 데에는 사연이 있었습니다. 초등학교 때 가창 시험을 보는데 선생님이 장난하지 말고 다시 부르라며 몇 번을 다시 시켰다고 합니다. 간단한 동요인데도 음정 박자를 하나도 맞추지 못했으니 그럴 만도 하지요. 주눅이 들어 점점 목소리는 모기 소리가 되어 가고 처음에는 놀리며 웃던 친구들도 조용해졌습니다. 해도 해도 안 되는 노래. 울기 직전이 되어 친구 하나가 겨우 살려 주었습니다.

"선생님, 홍민이 원래 노래 못해요."

"그러니? 홍민이 진짜 노래 못하는구나. 목소리도 이상하고."

그날 이후 홍민 씨는 노래를 하지 않았다고 합니다. 그 사연을 아는 친구들은 노래를 시키지 않았고, 직장 생활을 하면서는 온갖 핑계를 대며 회식 자리를 피했습니다. 아주아주 가끔 어쩔 수 없이 노래를 해야 하는 일이 생기면 초등학교 때의 모습으로 다시 돌아간다는 것입니다. 본인 말로는 정말 많이 나아진 것이라고 하는데 그래도 상당히 힘들어 보였습니다.

여러분 마음속에도 결코 잊을 수 없는 한마디가 있나요? 긍정의 말이라면 나를 쑥 키우는 계기가 되지만 부정의 말이라면 나를 꽁꽁 묶어 버립니다. 말의 감옥에 갇히는 것이죠. 홍민 씨에게는 '너 진짜 노래 못하는구나. 목소리도 이상하고'가 감옥의 말이었습니다. 초등학교 5학년 때 갇힌 그 감옥에서 서른이 넘어서까지 헤어나오지 못했죠.

책 속 이야기의 주인공인 재식이를 감옥에 가둔 말은 "태권도나 하지, 학교엔 왜 다녀? 쇠나 깎아!"였습니다. 초등학교 때부터 중3까지 해오던 태권도가 지겨워 인문계 고등학교에 진학했는데 바닥에서 움직이지 않는 재식이의 성적을 보며 담임선생님이 하신 말씀이지요. 태권도 그만두고 공부 안 할 거면 공장에 가라는 거였습니다. 그 말에 갇힌 재식이는 수 년 동안 무기력에서 헤어나오지 못했습니다. 결국 감옥의 말에 갇힌 채 대안학교로 옮겼지요. 그 후 영어회화, 영상 뉴스 제작, 연극, 잡지, 여행, 웹디자인, 독서, 퍼포먼스 등 다양한 프로젝트를 시도해 보았지만 그 어느 것에도 흥미를 느끼지 못했습니다.

☺ 이유를 알기 위해서 물어보면 끝에 가서 나오는 대답은 "하기 싫다"는 말이 전부였다. 그것을 왜 하기 싫은가 물어보면 "그냥 그것이 싫다"고 말하면 끝이었다.

나는 학교 일과가 끝나면 하숙집으로 돌아가려는 재식이를 붙들고 앉아서 그날 배운 영어회화 문장을 놓고 소리 내서 읽는 연습을 같이 했다. 중학교 1학년 수준의 짧은 영어 회화 문장을 소리 내서 읽게 한 다음 보지 않고 말해 보라고 하면 작은 목소리로 웅얼거리다가 입을 다물어 버렸다.

심지어 재식이는 중학교 때 이미 태권도 3단으로 전국 대회에도 여러 차례 나가 본 실력자였지만 "몸 쓰는 거 싫어요"라고 할 지경이었습니다.

많은 청소년들이 재식이처럼 감옥의 말 때문에 힘들어합니다.

"머리가 있긴 하니? 시험을 발로 봐도 이거보다는 잘 보겠다."
"왜 항상 멍해? 집중력이 약하구나."
"더 이상 못 가르치겠다. 다른 선생님 알아보거라."
"얌전하다는 건 칭찬이 아니야. 왜 바보같이 가만히 있어?"
"너 진짜 노래 못하는구나. 목소리도 이상하고."

처음에는 충격에 빠지고 그 다음에는 기가 막히다가 분노, 수치심, 원망으로 뒤범벅이 됩니다. 감옥에서 나오려는 몸부림이죠. 그러다 감정이 무뎌지면 그 감옥에 주저앉아 버립니다. 나중에는 누가 감옥 문을 열고 나오라며 격려해도 나가지 못합니다.

언젠가 탈북자 인터뷰에서 탈북하다 걸린 사람들이 처벌받는 방법을 들은 적이 있습니다. 의자에 사람을 앉히고 의자와 함께 하체를 꽁꽁 묶는다고 합니다. 다리를 쓰지 못하고 앉아만 있는 거죠. 그렇게 보름이 지나 줄을 풀면 제대로 서지도 못하고 주저앉아 버린답니다. 감옥의 말과 비슷하지요.

책의 저자인 김종휘 선생님은 우연히 알게 된 자신의 아이큐가 감옥의 말이었다고 회상합니다.

☺️ 아버지의 구두상자 안에는 큰누나와 작은누나와 형과 나의 초등학교 성적표가 가지런히 포개져 있었다.

"큰누나 152, 작은누나 137, 형 131……"

나는 123이었다. 당시 대학 졸업반이던 큰누나는 "아이큐는 많이에서 밑으로 내려갈수록 떨어지는 거야"라고 엉터리 설명을 해주었지만, 또 그때는 그 말을 믿고 넘겼지만, 123이라는 수치는 아무리 발버둥쳐도 바꿀 수 없는 것으로 결론이 나버리고 말았다. 구체적인 인과는 따지기 어렵지만, 대략 그 무렵부터 나는 학교 공부를 **뺀** 만사에 한눈을 팔면서 아버지의 말씀처럼 무엇이든 열심히 **빠**져들었다.

공부가 전부인 십대들에게 아이큐는 무서운 감옥이지요. 높은 숫자는 '언젠가 하면 될 거야' 교만의 감옥을, 낮은 숫자는 '이 정도면 됐지 뭐' 포기의 감옥을 만들어 버립니다.

저는 제 아이큐를 모릅니다. 궁금하지도 않고 앞으로도 알고 싶은 생각이 없습니다. 늘 그렇게 생각해 왔지만 김종휘 선생님의 이야기를 읽고 나니 아이큐를 모르는 것이 상책이라는 신념이 더욱 굳어지네요.

여러분의 '감옥의 말'은 무엇인가요? 나를 꽁꽁 묶어 결국 무기력하게 만들어 버린 녀석 말입니다. 쉽게 극복되지는 않지만 '이 말 한

마디가 나를 묶고 있구나' 인식을 하고 있는 것만 해도 큰 도움이 됩니다.

감옥의 말에서 벗어나는 방법은 없을까요. 간단치는 않을 겁니다. 김종휘 선생님은 '까먹는 게 상책'이라고 했지만 저는 '시간이 약'이라고 생각합니다. 우선 까먹는 데도 시간이 필요할 것이고, 근본적으로는 그 감옥의 말이 좀처럼 까먹어질 것 같지가 않거든요. 저에게도 몇몇 감옥의 말들이 있었지만 지금은 다행히 감옥에서 해방되었습니다. 더 이상 그 감옥 때문에 답답하거나 화가 나거나 무기력하지 않으니까요. 그렇게 되기까지 20년 가까운 시간이 걸렸습니다. 헉! 그렇게 오래 걸리냐고요? 20년이라도 걸려 감옥에서 해방되었다면 감사한 일이지요. 평생 감옥의 말에서 헤어나오지 못하고 죽는 사람들도 많습니다. 시간이 흐르는 동안 기억이 흐려지기도 하고 이런저런 경험을 통해 나에게 상처 주었던 말을 한 사람들의 입장이 되어 보기도 했지요.

감옥의 말에서 벗어나려는 노력을 한다면 그 기간을 조금 더 줄일 수 있지 않을까요. 저는 어찌할 바를 몰라 시간이 해결해 줄 때까지 기다렸지만 김종휘 선생님은 대안을 찾아 적극적으로 행동했습니다.

😊 아이큐 123, 지금 돌아보면 아마도 나는 그 수치를 까먹기 위해서, 그날 내가 아버지의 구두 상자에서 성적표를 꺼내 보았다는 사실 자체를 잊어버리기 위해서, 공부가 아니라면 무엇이든 무조건 열

심히 몰입했던 것 같다.

다행인지 학교 성적표의 영향력이 미치지 않는 길들로만 내달린 나는 지금 그럭저럭 재미있게 살아가고 있는 편이다.

감옥의 말 때문에 무기력에 빠졌던 재식이는 다행히 자연스럽게 고비를 넘겼습니다.

☺ 고향으로 내려간 재식이는 공익 근무 소집이 예상보다 늦어지는 바람에 다른 일들을 하며 시간을 보낸다고 재식이의 친구가 전해 주었다. 영어 회화 새벽반에 다니고 저녁에는 부모님 장사를 도와 준다고 했다. 낮에는 아버지의 권유로 사교댄스를 배우러 다닌다고도 했다. 몸 쓰는 게 싫다던 재식이가 사교댄스를 춘다는 것도 나름대로 충격이었지만 가장 놀라운 이야기는 다시 태권도를 시작했다는 소식이었다. 오후가 되면 태권도장에 가서 초등반 아이들을 가르치면서 사범에게 한 수 배운다고 했다. 기쁜 소식이었다.

책을 읽으며 생각해 보니 저는 긴 시간 대책도 없이 그저 감옥에 웅크리고만 있었다는 생각이 듭니다. 김종휘 선생님처럼 감옥 밖에 있는 나에게 관심을 더 쏟거나 재식이처럼 되든 안 되든 이것저것 해보았으면 감옥 생활을 조금 더 빨리 끝낼 수 있지 않았을까요. 재식이도 학교에서 영어회화를 할 때에는 싫은 것을 겨우겨우 버티는 정도였지만 환경이 바뀌고 마음이 회복되니 스스로 새벽반 영어 학원을 가게 됐잖아요. 억지로라도 뿌려 놓은 씨앗이 있었으니 다음 단계로 나아갈 수가 있는 겁니다.

여러분도 감옥의 말에서 벗어날 힌트를 조금 얻으셨나요? 사람은 완벽하지 않아서 다른 사람을 감옥에 가두기도 하고, 자신이 만든 감옥에 스스로 들어가기도 합니다. 이유야 어찌 됐든 지금 나를 가두는 감옥의 말 때문에 힘들다면 누군가를 탓하거나 세상을 욕하느라 시간을 허비하지 말고 감옥 밖의 나를 발견하거나 감옥에서 벗어날 방법을 찾아보세요. 생각보다 시간이 많이 걸릴 수도 있으니 감옥 안에서 즐겁게 사는 것 또한 인생의 지혜라는 점도 기억하시고요.

토막 독후감

대안학교의 교사인 저자가 학생들의 삶과 방황을 기록한 책이다. 단지 아이들 이야기뿐 아니라 아이들을 통해 보게 되는 자신의 어린 시절, 아직도 성숙하지 못하고 남아 있는 자아를 발견하는 과정이 담겨 있어 의미가 깊다.
학생들을 규제와 교육의 대상으로 한정 짓지 않고 그저 사람으로 보는 관점도 멋있다. 그래서 학생과 소주 한 잔 나누는 모습이나 함께 담배를 피우는 장면이 묘사되기도 하는데, 처음에는 생소하다가 '그래 이게 자연스러운 거지' 싶어져 고개를 끄덕이게 되는 책.

책 속의 한 문장

모든 사람은 각자 완전한 존재이며 자신의 인생을 위한 모든 잠재력을 자신 안에 다 가지고 있다.

감옥 안에서 즐겁게 살기

노래 못하는 홍민 씨의 훌륭한 점은 감옥에서 벗어나려는 노력을 매우 적극적으로 한다는 것이다. 갑자기 노래를 잘하게 될 수는 없겠지만 자신의 목소리를 사랑하려 애쓰고 사람들 앞에서 말도 안 되는 노래를 부르며 즐거움을 준다. 감옥의 말에서 완전히 자유로워질 때까지 홍민 씨가 감옥 안에서 즐겁게 살기 위해 실천하고 있는 몇 가지 방법들을 소개한다. 홍민 씨와 비슷한 상황이라면 따라해 보길.

- 학교나 직장, 동아리 등 어디든 처음 가는 곳에서 자기소개를 할 때에는 노래를 정말 못하며 그것 때문에 아픔이 크다고 털어놓는다. 한결 마음이 편해진다.

- 모기 소리보다는 쌩목이 낫다. 진지하게 부르면 분위기 이상해지니 미친 척 웃으며 부른다. 사람들도 함께 웃으니 즐거운 분위기가 된다.

- 노래는 못해도 분위기는 띄울 수 있다. 춤, 비트박스 등 개인기를 연습한다.

- 꼭 노래를 불러야 하는 상황이라면 손을 들고 제일 먼저 한다. 먼저 하고 나면 마음 졸이지 않아도 되고 뒷사람도 마음이 편해진다.

- 음치동호회에 가입한다. 같은 아픔을 가진 사람들을 만난다는 것은 대단한 위안이 된다. 세상에는 나보다 더 심한 사람들도 많다.

- 노래학원에 다닌다. 최신곡을 쉽게 부르는 방법을 배울 수 있다.

가득 차면
흘려보내야지

똥깅이_현기영

마산의 한 고등학교에서 특강이 있었습니다. 청소년들의 고민을 이야기하는 자리였지요. 참석한 학생들은 질문 거리를 미리 적어 강의장 앞에 붙여 두었는데 그중 제 마음을 두드린 질문이 있었습니다.

'흔들리면서 크는 거라고는 하지만 요즘은 정말 힘이 듭니다. 공부도 안 되고 답답하기만 해요. 이럴 땐 어떻게 해야 하나요?'

힘들다는 말. 저도 참 많이 했던 말입니다. 어른들이 들으면 코웃음을 치실지도 모르겠습니다. 중고등학교 시절 제가 공부하느라 힘들다고 푸념을 늘어놓으면 부모님은 한결같이 이렇게 말씀하셨습니다.

"너희들이 힘들 게 뭐 있냐? 돈 벌어 오라는 것도 아니고, 공부만큼 편한 게 어디 있어. 책 살 돈이 없냐, 뒷바라지 해주는 부모가 없냐. 차려 주는 밥 먹고 학교 갔다 오면 내 방에 내 책상 떡하니 있는데 뭐가 힘이 들어. 내가 어렸을 때 너희들 누리는 거 반만 누렸어도 원 없이 공부했겠다. 할 수 있을 때 열심히 해. 공부도 다 때가 있는 거야. 나중에는 하고 싶어도 못 한다."

지금도 마찬가지겠지요. 어른들은 어디서 그런 말을 배워 오기라도 하는지 똑같은 대답을 합니다.

돌이켜 생각해 보니 그때 제가 힘들었던 건 공부 자체가 아니었습니다. 공부 주변에 줄줄이 붙어 있는 복잡한 감정들 때문이었지요.

'이렇게 공부하면 내 미래는 달라지는 걸까. 왜 써먹지도 못하는 지식을 배워야 하는 걸까. 집에 돈이 많으면 나도 유학을 가고 싶다. 해도 해도 왜 안 될까. 이 세상에 나 같은 건 필요 없겠지. 부모님 속만 썩이고……'

매일 학교에 가고 공부를 했으니 공부 때문에 힘들다는 생각이 들었을 뿐 사실 공부를 안 하거나 공부 대신 딴 것을 했더라도 힘들기는 마찬가지였을 겁니다. 청소년기는 누구나 힘겹게 넘는 산이니까요.

나만 이렇게 힘든 걸까. 꼭 무엇 때문이라고 꼬집어 말할 수 없이 그저 우울하고 답답할 때 책 속에서 이런 구절을 발견한다면 얼마나 신기할까요.

😐 마음속 깊은 곳에서 뭔지 알 수 없는 야릇한 욕망 · 슬픔 · 갈등이 끓어오르고 있었다. 그것들은 아직도 생성 중이어서 구체적인 형태를 띠고 있지는 않았다.

이 용솟음치는 감정들이 우리를 힘들게 하는 것입니다.[♥] 복잡한 감정들은 형편없는 성적표를 만나 이딴 공부 왜 하나 싶은 생각을 만들어 내기도 하고 자존심을 건드린 부모님께 불같이 화를 내게도 만들지요. 내면에 뒤엉켜 돌아다니다가 뭐 하나 걸리면 툭 튀어나오는 겁니다. 《똥깅이》의 저자인 현기영 선생님은 사춘기 시절 감정의 분출을 이렇게 회상합니다.

😐 나는 아버지가 미웠다. 하기는 미움의 대상이 필요한 시기이기도 했다.

기쁨이든 슬픔이든 가득 찬 감정을 흘려보내지 않고 그냥 두면 탈이 나는 법입니다.[♥♥] 소변이 가득 차면 화장실에 가야 하는 것과 같지

♥ 유난히 청소년기에 감정의 기복이 심한 이유는 뇌의 기능과 관련됩니다. 이성적 사고를 담당하는 전두엽은 아직 성숙하기 전이고 감정을 느끼는 편도는 이미 민감하게 활성화되어 있지요. 이것만 해도 이성이 감정을 다스리기 어려운 상황입니다. 게다가 매 순간 분비되는 성장 호르몬이 편도를 자극하고 있으니 청소년의 감정 조절은 만만치 않은 일입니다.

♥♥ 분노가 넘치면 간에, 슬픔이 넘치면 폐에, 기쁨이 넘치면 심장에 무리가 온다고 합니다.

요. 부모에 대한 원망도 아이돌 가수를 좋아하는 마음도 넘치는 감정들을 뱉어 내는 수단인 경우가 많습니다. 그 시기가 지나가면 대부분 '그땐 내가 왜 그랬나' 하니까요.

제가 부정적인 감정을 다스렸던 방법은 잠과 눈물이었습니다. 어떤 이유든 마음이 언짢아지면 이불을 뒤집어쓰고 누웠지요. 아무 생각 없이 잠에 빠져드는 게 가장 편하고 좋았습니다. 한숨 자고 일어나면 한결 개운해지니까요.

잠으로 해결할 수 없을 정도로 스트레스가 심하면 울었습니다. 아이처럼 엉엉 울면 시원했을 텐데 마음 놓고 울 만한 장소도 시간도 마땅치 않아 화장실에서 찔끔거리거나 잠자리에서 눈물을 흘리곤 했지요. 그렇게 마음이 울적할 때는 일부러 울지 않아도 사소한 일에도 눈물이 나곤 했습니다. 감정이 가득 차 있으니 작은 배출구만 생겨도 넘쳐흐르는 것이죠. 늦은 밤 푹 빠져 읽은 소설은 아주 적당한 눈물의 핑계가 되었습니다. 현기영 선생님도 그랬던 모양이네요.

> ☺ 책읽기는 우울한 나의 침묵에 잘 어울렸다. (……) 책들은 나에게 까닭 없는 슬픔, 이른바 '고독'이란 걸 가르쳐 주기도 했다. 슬퍼할 일도 없는데 공연히 허무해져서 눈물을 글썽거릴 때가 종종 있었고, 그런 눈물일수록 감미롭게 느껴졌다.

우울함 속에서 고독과 눈물을 은근히 즐긴 것도 저와 비슷합니다.

여러분도 그런가요? 책을 읽다 보니 20년 전 사춘기 시절의 정서가 고스란히 떠올랐습니다. 우울한 감정을 묵직하게 품고 있을 때는 표정도 어둡고 어깨도 축 처지지요. 그러다 꼬투리를 열어 눈물을 흘리고 나면 마음이 말랑말랑해집니다. 감정이 안정되니 문득 부끄러워져 눈물을 닦기도 하지요. 슬쩍 여유가 생겨 이렇게 울고 있는 자신이 멋있는 듯한 기분이 들기도 하고요.

☺ 나는 일부러 우울한 표정을 꾸며 가면처럼 얼굴에 쓰고 다니기 시작했다. (……) 물론 나 자신은 그것이 흉내가 아니라 진심에서 우러난 사고·행동이라고 생각했다. (……) 소설 속의 젊은 주인공들처럼 상처받은 영혼들을 책 속에서 만날 때마다, 나는 그들의 고민하는 모습을 모방하고 싶어 안달하곤 했다. (……) 나는 연신 호흡을 긴장시키면서 소설 속의 베르테르(혹은 제롬)의 일거수일투족을 좇아간다. 드디어 눈물을 흘려야 할 슬픈 대목에 이르고, 나는 가슴이 미어질 듯한 슬픔에 책을 덮고 촛불을 응시한다. 촛불이 슬픈 눈물을 흘린다. 그것을 바라보는 내 눈에도 어느덧 눈물이 넘쳐흐른다. 이때를 놓칠세라 얼른 손거울을 꺼내 자신의 얼굴을 비추어본다. (……) 그럴듯하게 연출된 고뇌의 모습, 괴로워 눈물 흘리는 베르테르가 저 거울 속에 있다.

그러나 아 슬프다, 아 괴롭다, 하며 시늉을 해도 가짜 눈물 가짜 고뇌로는 밤을 샐 수는 없는 노릇, 자정이 가까워지자 나는 쏟아지는 졸음을 이기지 못하여, 두 눈에 그렁그렁 눈물을 매단 채 책상에 엎드려 잠에 곯아떨어지곤 했던 것이다.

이 부분을 읽으면서는 웃음이 났습니다. 귀엽기도 하고 그 상황이 그려지기도 해서요. 강의장의 학생들에게 이 이야기를 들려주었더니 다들 공감한다는 듯 폭소를 터트리더군요.

현기영의 《똥깅이》나 황석영의 《개밥바라기 별》 등 대가들의 성장 이야기를 읽다 보면 '이분들도 어렸을 때는 나와 비슷했구나' 싶어 반 가움까지 느껴집니다.[•] 이 공감만으로도 얼마나 큰 위로가 되는지요. 결국 내가 힘들다고 느낀 것이 주체할 수 없는 감정의 소용돌이였음을 깨닫게도 됩니다. 사람 마음은 얼마나 간사한지 아주 친한 친구라도 '나 힘들어서 울었어'까지만 이야기하지 '울다 보니까 나 우는 모습이 어떤가 보고 싶어서 거울로 봤었다'는 말은 생략합니다. 하지만 책 속에는 지극히 인간적인 솔직함이 모두 담겨 있어서 읽다 보면 주름진 감정의 구석구석까지 탈탈 털어 버리게 됩니다.

☺ 책을 읽고 나면 좋은 말상대를 만나 한참 다변스럽게 얘기를 주고 받은 것 같은 흐뭇함이 느껴졌다.

[•] 자신의 성장기 한 토막을 선뜻 내놓아 주신 선생님들께 얼마나 감사한지요. 어린 시절 부끄러운 고백도 마다하지 않고 책에 담아 같은 고비를 넘는 청소년들을 다독이는 성숙 함에 고개가 숙여집니다.

지금의 내 모습이 답답하게 느껴진다면, 앞뒤 꽉 막힌 현실에 힘이 든다면 성장소설을 읽어 보세요. 이렇게 흔들리며 크는 것이 우주의 섭리인 듯 나와 비슷한 청춘을 만나게 될 것입니다. 그 친구와 마음을 나누다 보면 어느 새 가득 찬 감정이 홀가분하게 풀어질 거예요.

토막 독후감

서점을 돌아다니다가 표지의 삽화가 따뜻해 보여 집어 들었던 책이다. 속을 살펴보니《지상의 숟가락 하나》의 청소년 버전이라는 소개가 있기에 망설임 없이 사 가지고 나왔다.《지상의 숟가락 하나》를 퍽 재미있게 읽었던 기억이 남아 있었기 때문이다.

자연 속에 파묻혀 살았던 저자의 유년 시절은 마치 내 경험으로 착각할 듯 생생하고, 사춘기의 정서를 정확하고 솔직하게 묘사해 놓은 부분에서는 감탄이 나온다.

두껍지도 크지도 않아 부담이 없고, 한 편의 글이 두세 장 정도로 끊어져 있어 들고 다니며 읽기에 딱 좋은 책.

책 속의 한 문장

사춘기. 유년은 지나갔으나 그 빈자리를 채울 새로운 자아의 내용이 형성되지 않아 괴롭고 불만스러운 시기.

남학생들을 위한 시크릿 팁

가득 차면 흘려보내야 할 것이 감정만은 아니다. 누구나 그렇듯 현기영 선생님도 사춘기 시절 자위 행위에 대한 고민이 있었단다. 병적일 정도로 집착이 심했고 후회와 죄의식으로 마음고생을 했음은 말할 것도 없다. 그러던 어느 날 수업 중 물상 선생님의 말씀을 듣고 그 죄의식에서 해방되었다고 한다. 이 책을 읽는 남학생들 중에도 같은 고민을 하는 이들이 있을 듯하여 물상 선생님의 조언을 함께 나누고자 한다.

동력 측정 단위인 마력(HP)과 와트(W)에 대해서 설명하던 그 선생님의 입에서 느닷없이 그 이야기가 튀어나왔을 때, 얼마나 놀랐던지!
"HP가 horse power 말고, 또 무엇의 약자인 줄 아나? 몰라? 요런 멍충이들. 느네들 중에 HP하는 녀석들 꽤 있을걸? 손장난 치는 거, 그걸 영어로 뭐라고? 하따, 요놈들 모르는 척 시치미 떼네. 야단맞을까 봐서? 괜찮다. 괜찮아. 느네들 중에 수업 중 꾸벅꾸벅 조는 놈들, 뻔하지. 핸드플레이 너무 쳐서 그런 거 아냐, 안 그래? (폭소) 아주 중요한 건데 잘 새겨 둬라. 너희들 중에 HP 버릇 때문에 고민하는 녀석들 있을 것이다. 죄책감에 시달린 나머지, 심지어 자살을 시도하는 경우도 있지. 그러나 그것은 죄가 아니다. 죄도 아닌데 왜 고민해? 콧물이 코에 가득 차면 손을 대고 팽 하고 풀어 버려야지, 안 그래? 마찬가지 아냐. 그러니까. 하나 죄 될 게 없다는 얘기야. 공연히 고민해서 마음이 상할까 봐 이런 소릴 하는 건데, 너희들처럼 어린 나이에 마음이 상하면 병이 되기 쉽지. 그러나 명심할 점은, HP하더라도 자주 해서는 안 된다는 거야. 그걸 너무 많이 하면 약골이 되고 키도 안 자라, 알겠어? HP 한 번에 피 두 되가 낭비된다고 생각하라. 피 두 되! 혼자 있으면 자꾸 조물락조물락 만져지게 되니까 동무들과 어울려 운동도 하고 노래도 부르고 그래라. 용두암 같은 데 가서 냉수욕으로 몸을 식히는 것도 좋지. 알았지?"
HP, 코 푸는 것과 다를 것이 없다. HP 한 번에 피 두되 낭비다. 얼마나 명쾌하고 지혜로운 설명이었나!

소심해서가
아니야

브레인 룰스_존 메디나

겨울방학을 앞둔 어느 날 김해의 한 중학교에 강의를 하러 갔었습니다. 대상은 3학년. 고입을 앞두고 부산하고 부담스러운 겨울을 보내고 있을 때지요. 공부와 진로, 인생, 나에 대한 이야기까지. 아이들이 의미 있게 들을 수 있는 내용들로 강의를 진행했습니다. 강의를 마치고 나니 아이들이 우르르 사인을 해달라며 쏟아져 나오더군요. 한 명 한 명 이름을 물으며 사인을 해주었습니다. 긴 사인의 줄이 다 끝나갈 무렵 인내심 있게 모든 사인이 끝나기를 기다렸던 여학생이 다가왔습니다.

"선생님 뭐 물어봐도 돼요?"

"그래."

"저는요 수학 교육과에 가고 싶은데요. 선생님을 하기는 싫어요."

"왜? 그러면 왜 수학 교육과에 가니? 그냥 수학과에 가지?"

"아…… 그런가?"

사인을 하며 무심코 이야기를 하다가 머뭇거리는 아이의 음성에서 뭔가 민망함이 느껴져 얼굴을 바라보았습니다. 진지함과 부끄러움이 함께 있는 표정. 궁금한 게 마음속에 있으면서도 강의 중 질의응답 시간에는 차마 손을 들지 못하고 있다가 사인이 다 끝나기를 기다려 마지막에 겨우 입을 연 모양이었습니다. 이렇게 말이 끊기면 아이는 어렵게 연 입을 다물어 버리겠지요. 다시 대화를 이어가야겠다고 생각했습니다.

"왜 선생님이 하기 싫은데?"

"앞에 나가는 게 무서워요. 발표할 때도 너무 떨리고……"

여기까지 말해 놓고 아이는 눈물이 날 듯 목소리가 떨렸습니다. 그래도 무슨 말을 하고 싶었는지 무엇이 고민인지 다 알 거 같았습니다.

"왜 그럴까? 틀릴까 봐?"

"(끄덕끄덕)"

입을 열면 눈물이 터져 버릴 듯 아이는 힘을 주어 입술을 다물고는 고개로만 답했습니다.

"언제 발표하다 틀린 적이 있었니?"

"중1 때요."

"어땠는데?"

"……"

아이는 또다시 입술에 힘을 주어 버렸고 아이의 절친인 듯 내내 옆에 서 있던 친구가 대신 답해 주었습니다.

"무슨 발표를 그렇게 하냐고 선생님이 막 뭐라 그랬어요. 애들도 다 웃고."

그 사건 이후 아이는 앞에 나가는 것, 사람들 앞에서 발표하는 것을 두려워하게 된 것입니다. 모든 사람들이 날 보고 웃는 것 같은 부끄러움, 그대로 서서 엉엉 울고 싶은 불안함, 내 힘으로 어찌할 수 없는 그 상황의 답답함이 수학 선생님이 되고 싶다는 꿈까지 흔들어 버린 것입니다.

"지금은 그럴 거야. 선생님 앞에서 평가를 받아야 되고 친구들도 다 너와 비슷한 입장이니까. 하지만 네가 선생님이 되면 달라. 가르치는 즐거움이 얼마나 크니. 짝한테 수학 문제 하나 알려 줘도 굉장히 뿌듯하잖아. 그치?"

기대했던 대답을 듣기라도 한 양 녀석은 고개를 끄덕이며 또 울었습니다.

더 긴 이야기는 나눌 수 없었지만 서울로 올라오는 내내 그 아이의 고민이 마음속에서 떠나지 않았습니다. 어디 그 여학생뿐일까요. 사람들 앞에서 시원하게 노래 한 곡 불러 봤으면 좋겠다는 아이, 버벅거리지 않고 말을 잘하고 싶다는 아이. 비슷한 고민을 호소하는 청소년들이 제법 많습니다. 하나같이 자신들의 소심함을 한탄하지요. 하지만 모든 게 그 소심한 성격 탓일까요.《브레인 룰스》의 저자 존 메디나는 감정과 기억, 반복 시연, 정교화가 빚어낸 뇌의 작용이라고 설명합니다.

감정에 자극을 주는 사건들(ECS: emotionally competent stimulus)은 그렇지 않은 사건들보다 더 정확하고 오래 기억되는 경향이 있다고 합니다. 이것은 인간의 두뇌에만 존재하는 전전두엽의 기능과 관련이 있는데, 두뇌가 정서적으로 흥분되는 사건을 감지하면 편도체는 신경전달물질인 도파민을 방출합니다. 도파민은 기억과 정보 처리에 크게 도움을 주므로 두뇌가 그 정보를 더욱 활발하게 처리하게 됩니다. 그 학생을 불안하고 부끄럽게 만들었던 중1 때 발표의 기억은 이렇게 '화학적'인 과정을 거쳐 뇌리에 박혀 버린 것이지요. 그날 교실에 함께 있었던 선생님이나 같은 반 친구들에게는 기억도 나지 않는 어느 하루겠지만 그 여학생에게는 결코 잊을 수 없는 날이 되어 버린 것입니다. 그래서 저자는 이렇게 말합니다.

> 😐 정서적으로 흥분을 일으키는 사건들은 두 범주, 즉 이 세상에서 오직 한 사람만 경험하는 일들과 모두가 똑같이 경험하는 일들로 나뉜다.

그러고는 누구나 공감할 수 있는 자신의 경험을 이야기합니다.

☺ 우리 어머니는 화가 나면 부엌에 가서 큰 소리를 내며 개수대에 있는 접시를 닥치는 대로 닦으신다. 그리고 냄비와 프라이팬 같은 게 있으면 일부러 큰 소리가 나게 부딪쳐 가며 치우신다. 그럼 모든 집안 사람들은 어머니가 기분이 좋지 않다는 것을 알게 된다. 아직도 나는 냄비나 프라이팬 같은 것이 부딪치는 소리가 크게 들리면 '이제 큰일났다!'라는 감정이 뇌리를 스치는 자극, 즉 ECS를 경험한다. 반면에 장모님은 그런 식으로 화를 드러내지 않으셨기 때문에 아내는 냄비와 프라이팬 부딪치는 소리를 들어도 특정한 감정을 떠올리지 않는다. 그러니 그것은 존 메디나라는 사람에게 고유한 ECS라고 할 수 있다.

친구들과 신나게 놀고 있을 때 전화기에서 들려오는 '너 어디야?' 하는 엄마의 목소리는 대부분의 청소년들이 공통적으로 갖고 있는 ECS입니다. 그 여학생은 발표 차례가 돌아올 때마다, 그 선생님의 목소리를 들을 때마다 그 사건이 다시 떠올랐겠지요. 그냥 떠오른 정도가 아니라 그 당시 교실의 냄새와 친구들의 웅성거림까지 생생하게 떠올랐을 것입니다. 기억을 확고히 하는 데 가장 효과적인 '반복'이 일어난 것입니다. 그것도 매우 정교하게 말이지요. 떨림과 두려움으로 그날의 기억을 반복했으니 '과연 내가 선생님이 될 수 있을까'와 같이 자아를 흔드는 고민에 이를 만도 합니다. 같은 원리로 우리가 시험 때마다 영혼 없이 해대는 반복은 감정이 결부되지도 않고 정교하게 시연되지도 않기 때문에 그토록 쉽게 잊혀지는 것입니다.

그 학생이 여성이라는 점도 그 사건을 기억하는 데 한몫합니다. 남성과 여성의 뇌는 각각 스트레스에 대처하는 방법이 다르기 때문이지요. 래리 카힐이라는 과학자는 극심한 스트레스 상황에서 남자와 여자의 두뇌가 어떤 반응을 보이는지 알기 위한 실험을 했습니다. 남자와 여자에게 연쇄살인마가 등장하는 공포영화를 보여 주고 뇌의 변화를 살핀 것이지요. 남자들은 우뇌에 있는 편도체가 흥분했고 여자들은 좌뇌에 있는 편도체가 흥분을 했습니다. 우반구는 사건의 개요를, 좌반구는 사건의 세부사항을 주로 담당하지요. 비슷한 연구들을 종합해 본 결과 여성들이 남성들보다 자신에게 일어난 정서적 사건들을 더 많이, 더 빠르고 더 강렬하게 기억한다는 사실을 알아냈다고 합니다. 여성들이 최근에 싸운 일이나 첫 데이트, 휴가처럼 정서적으로 중요한 사건들을 더욱 생생하게 기억한다는 것이죠. 그래서 여성들은 남자 친구에게 "오늘이 무슨 날인지 알아?"라고 묻고 남성들은 머뭇거리다가 구박을 받나 봅니다.

그 여학생은 그날 선생님이 '무슨 발표를 그렇게 하냐?'고 했던 말 말고도 어떤 말을 했는지 소상히 기억하고 있을 것입니다. 무안함과 좌절감을 경험한 스트레스 상황이었으니까요. 선생님의 못마땅한 표정과 아이들의 키득거림이 번지는 동안 좌뇌에 있는 편도체가 활성화되었고 좌뇌는 그 정서와 결합된 모든 외부 자극을 세밀하게 분석

하고 받아들였던 것입니다.

그 여학생을 다시 만나게 된다면 이 장황한 설명을 모두 다 해주고 싶습니다. 그날 발표의 기억이 너를 사로잡고 있는 것은 그저 뇌가 그렇게 작동한 것일 뿐이니 자유로워지라고 말이지요. 스스로를 소심하다며 미워할 이유도 없고 수학 선생님이 되고 싶다는 꿈을 포기할 이유는 더더욱 없습니다.

여러분은 어떤가요? 혹시 과거의 어떤 기억에 묶여 매번 걸려 넘어지고 자주 속이 상하나요? 그렇다면 지극히 물리적이고 화학적인 뇌의 작용을 떠올리세요. 누군가에게는 기억도 안 나는 사건이라는 점도요. 여러분이 무언가 큰 잘못을 했거나 이상해서가 아닙니다. 아픈 기억들을 모두 놓아 버리시기를 바랍니다.

토막 독후감

열두 가지 두뇌 작용의 법칙을 설명하고 있는 이 책은 매우 과학적고 객관적이지만 책을 통해 알게 된 지식으로 나의 생활과 공부, 경험들을 되돌아보게 한다. 흥미롭고 신뢰할 만한 연구가 많은 것도 마음에 든다. 예를 들어 '한 그룹에게는 단어를 계속 반복해서 보여 주었다. 벼락치기 시험공부를 하는 학생들의 행동과 비슷하다고 보면 된다. 다른 한 그룹에게는 시간 간격을 좀 더 길게 두고 단어들을 보여 주었다. 기억의 정확도 면에서, 첫 번째 그룹이 두 번째 그룹보다 성적이 훨씬 나빴다'와 같이 즉시 실천해 볼 만한 내용들도 있으니 청소년 독자들에게 도움이 될 듯하다.

책 속의 한 문장

교실과 사무실 칸막이가 제아무리 우리를 옥죈다 해도 인간의 탐구욕은 결코 사라지지 않는다. 구글은 탐구의 힘을 진지하게 생각했다. 그곳 직원들은 전체 근무 시간 가운데 20퍼센트 동안은 마음 내키는 대로 어디든 가도 된다. 그리고 그 효과는 결과가 보여 준다. 지메일과 구글 뉴스를 포함하여 구글이 내놓은 신제품의 50퍼센트는 그 '20퍼센트의 시간'에서 나왔다.

잠이 많아 걱정인 학생들을 위한 힌트

청소년기는 몸도 뇌도 폭발적인 성장을 하느라 바쁘다. 자라느라 피곤한 심신은 끊임없이 잠을 요구하게 되는데, 아이들은 잠이 많아 공부를 못하겠다며 하소연이다. 하지만 절대 잠을 줄여 공부할 수는 없는 법. 책 속에서 수면이 학습 효과를 높인다는 반가운 연구를 발견했다. 어떻게 잠을 활용할 수 있는지 지혜를 빌려 보자.

학생들에게 수학 문제들을 주고 문제를 푸는 방법을 알려 준다. 하지만 그 문제를 더 쉽게 푸는 방법이 있다는 것은 알려 주지 않는다. 그러나 학생들이 문제를 풀면서 더 쉬운 방법을 알아 낼 수는 있다. 여기서 질문은 '학생들의 통찰력을 촉진할 방법이 있을까?' '아이들의 레이더망에 더 쉬운 방법이 잡히게 할 수 있을까?'이다. 그리고 두 질문에 대한 대답은 모두 '있다'이다. 학생들을 재운다면 말이다. 처음 훈련을 하고 나서 12시간이 지난 뒤 학생들에게 문제를 더 풀게 하면 20퍼센트 정도의 학생들이 더 쉬운 방법을 발견한다. 그러나 12시간 중 8시간 정도를 자게 하면 60퍼센트 정도 되는 학생들이 더 쉬운 방법을 발견한다. 이 실험을 아무리 여러 번 해봐도 늘 잠을 잔 집단이 잠을 자지 않은 집단에 비해 세 배 정도 더 성적이 좋았다.

답은
내 안에 있어

고1 책상 위에 동양·서양고전_김이수

제가 영어랑 수학 학원에 다니고 있는데요. 학원 숙제 때문에 저 스스로 공부할 수 있는 시간이 없는 거 같아서 걱정이 돼요. 영어학원에서는 작년에 제대로 하지 못한 부분이 많아서 한 학년 아래 동생들하고 공부하는데 거기서도 성적이 많이 나오지 않아 괜히 위축되는 거 같아요. 또 학원을 안 다닐까 생각하다가도 그 영어학원에서 하는 원어민 수업이랑 리스닝 수업 때문에 쉽게 끊질 못하겠어요. 시험기간 때도 그렇고요. 지금 저한테 맞는 학습 방법 찾으려고 아빠가 상담을 다니라고 해서 다니고 있는데 별로 도움이 안 돼서 3월까지만 하기로 했어요. 선생님이 쓰신 책도 읽어 봤는데 뭔가 다 제 상황 같아서 뭐 어떻게 해야 될지 아직도 고민하고 있네요. ㅠㅠ 이대로 또 일 년이 가버리는 건 아닐지 걱정도 되고요. 아, 그리고 제가 문제를 풀어도 실수를 계속해 가지구 초등학생 때 문제점이 된 것이 지금까지도 있어요. 자신도 더 없어지고…… 주변 고등학교도 어디로 가야 나쁘지 않게 갔다고 들을 수 있는 건지. 제가 너무 많은 생각을 가지고 있네요 헝 ㅠㅠ

이런 하소연을 읽고 있노라면 내 마음도 답답해집니다. 질문의 초점도 없이 그저 주절주절 신세한탄만 하고 있는 것 같아서죠. 하나씩 차분히 생각해 보면 스스로 답을 낼 수 있을 텐데 발만 동동 구르고 있으니 안타깝습니다. 사실 이 학생은 이전에도 수차례 산만한 질문들을 해왔었죠. '수학 과외를 하고 있는데 이대로 계속 해도 좋을까요?' '방학 때는 무슨 공부를 해야 할까요?' 등등. 그때마다 적당한 대답을 해주었는데 학생의 질문은 그치지 않습니다. 궁금증이라기보다 불안함이라고 해야겠지요. 학생이 고민하는 모든 내용에 자세히 답을 해준다 해도 소용이 없을 것입니다. 조금 지나면 또 '제가 지금 잘하고 있는 걸까요?' '시험공부는 어떻게 해야 하죠?' 같은 고민을 할 테니까요.

근본적인 문제는 스스로 생각하는 힘이 없다는 것입니다. 점수에 길들여져 있는 대한민국 청소년 대부분이 이런 문제를 안고 있죠. 내가 어떻게 공부하는 것이 좋은지 자신에게 물어보면 될 텐데 엉뚱하게 학습 상담을 받으러 다닙니다(당연히 효과가 없었겠죠). 자신이 다닐 고등학교인데도 '어디로 가야 나쁘지 않게 갔다는 말을 들을 수 있는지'를 걱정하고요. 내가 어떤 사람인지 내가 무엇을 원하고 있는지 어떻게 살아가야(공부해야) 할지를 결정할 수 있는 건 오직 자신뿐입니다. 소크라테스가 '너 자신을 알라'고 말한 것은 이러한 혼란스러움 중에 더욱 빛을 발하는 명언이죠.

학원이나 상담 선생님이 도움을 줄 수는 있어도 결국 선택권은 나에게 있습니다. 하지만 타성에 길들여진 청소년들은 그 선택권을 부담스러워하죠. 방과후수업 과목을 선택할 때조차도 자신이 하고 싶은 과목을 고르기보다 남들은 뭘 선택하나부터 기웃거리니까요. '내가 이 학교에 가면 남들이 뭐라 할까' '이 과목을 택하면 시험 볼 때 유리하지 않을까'에 신경을 쓰느라 '내가 어떤 과목을 좋아하지?' '이 과목을 들으면 내가 어려워하는 부분을 도움 받을 수 있을 거야' 같은 내면의 소리에는 귀를 막습니다.

이대로 어른이 된다면 어떻게 될까요. 내가 어떤 일을 하고 싶어 하는지보다 어떤 회사에 가야 잘 들어갔다는 말을 들을 수 있을지를 고민하고, 내가 얼마나 노력하고 있는지보다 남들은 얼마나 돈을 벌고 있는지를 기웃거리며 살지 않을까요. 사실 전 세계 많은 사람들이 그런 고민을 하느라 자신의 행복을 찾지 못하고 있습니다.

☺ 나의 가장 친한 벗이여, 너는 왜 지갑을 가능한 한 많이 채우고, 또 명성과 존경만을 받으려 노력하는 너의 모습을 부끄러워하지 않느냐? 너는 왜 너 자신인 영혼을 개선하는 데는 조금도 관심이 없

아이자아를
행복하게 만드는 방법

- '어루만짐'의 통로를 열어 둔다. 아무것도 하지 않고 가만히 있는 수동성은 청소년이 부모와의 관계에서 통제에 반항하는 방식으로 자주 사용된다. 강력한 보호 형태이기는 하지만 타인으로부터 자신을 격리시키며 어루만짐의 원천을 차단한다. 소통의 문을 열어 두자. 우리를 살게 하는 건 사람들로부터 받는 위로와 격려, 칭찬이다.

- 순간을 누린다. '착한 아이 콤플렉스'에 빠진 사람은 멋진 풍경을 보고도 가족과 친구에게 보여 줄 사진을 찍느라 정작 자신은 풍경의 감동을 즐기지 못한다. 중요한 것은 지금, 여기, 나와 함께하는 사람들이다.

- 몸을 움직인다. 감정이나 생각을 의지로 바꿀 수는 없지만 몸을 바꾸는 일은 할 수 있다. 어떤 움직임이든 좋다. 경직된 신체를 풀고 산책을 하자. 불꽃놀이처럼 뇌에 산소가 퍼지고 동맥에 붉은 피가 흐르며 조화로운 근육이 아름답고 힘 있게 움직이는 모습을 떠올려 보라.

- 누군가와 맛있는 음식을 먹는다. 따끈한 피자에 얼음 동동 콜라를 앞에 두고 눈을 반짝이지 않을 사람은 아무도 없다. 이 방법은 특히 용돈이 필요하거나 성적에 대한 이야기를 할 때 부모님께 시도해 볼 만하다. 부탁을 하기에 가장 적당한 시기는 식사 후 배부른 상태라고 한다. 만족한 아이자아는 긍정적인 감정을 가질 수밖에 없기 때문.

- 나만의 천국을 가져 본다. 나만의 장소를 찾아 보자. 나무 그늘에 앉아 책을 읽어도 좋고, 커피숍의 구석자리도 좋다. 레고 조립, 손바느질같이 만사를 잊고 빠져들게 하는 취미를 갖는 것도 좋다. 조용히 나를 다독일 수 있는 시공간을 구분하여 나만의 천국을 누리자.

2

꿈을
찾아가는 여행

신이 사람에게 '미래'라는 보물을 선물로 주었습니다.
이것이 알려지자 사람들은 미친 듯 보물을 찾아 나섰지요.
앞도 뒤도 보지 않고 더 큰 보물을 먼저 차지하기 위해
달렸습니다. 그러다 지쳐 쓰러지기도 하고, 서로를
방해하다 싸움이 나기도 했지요.
마침내 신 앞에 도착해 보물상자를 열게 된 사람들은
'미래'라는 보물 앞에 망연자실하고 말았습니다.
상자 안에는 '미래'를 향해 오는 동안 누렸던 추억만큼의
아름다운 집과 '미래'를 함께 나누고 싶은 사람들에게 주어야
할 선물들, '미래'를 꿈꾸며 행복했던 시간만큼의 에너지,
나의 '미래'로 인해 행복해지는 사람들만큼의 돈이 들어
있었기 때문입니다.

진로 선택의 기준 '내가 좋아하는 일'

10대에 알았더라면 좋았을 것들_김태광

아주 똘똘한 고등학생이 있었습니다. 공부도 제법 잘하고 미래에 대한 전략도 야무지게 세워 놓았지요.

"저는 나중에 공무원이 될 거예요. 그러니까 굳이 서울에 있는 대학에 갈 필요가 없어요. 등록금만 비싸고요. 또 저는 지방에 사니까 자취방 얻고 생활비 들고 하면 돈 되게 많이 들잖아요. 집에서 다닐 수 있는 국립대에 갈 거예요. 대학 가면 바로 공무원 시험공부 하려고요. 공무원 시험이 어렵다고는 해도 4년 동안 공부하면 되지 않겠어요?"

이 학생은 정말 집에서 가까운 국립대에 진학했습니다. 담임선생님은 성적이 아까우니 서울에 있는 학교들에도 원서를 써 보라고 했지요. 하지만 이 학생은 쿨하게 제 갈 길을 갔습니다. 진로를 정하지 못하고 점수에 따라 이 학교 저 학교를 기웃거리던 친구들은 또렷하게 자기 앞가림을 하는 녀석을 부러워하기도 했습니다.

4년 후, 이 학생은 어떻게 되었을까요. 정말 4년 동안 열심히 공부해서 공무원이 되었을까요? 다음은 그 학생이 보내온 메일입니다.

졸업을 앞둔 지금. 제가 가지고 있는 것이라고는 평점 평균 3.12에 토익 635점, 컴퓨터활용능력 1급 자격증뿐입니다. 인턴이나 동아리 등 대외 활동은 아무것도 한 것이 없고요.

저는 공무원이 되고자 집 근처의 지방 국립대학교에 진학했지만 대학생이 되고 보니 딱히 공무원에 흥미가 있지 않습니다. 그렇다고 흥미가 가는 직업이 있는 것도 아니고요. 부모님께서는 제가 대학에 가서 하루라도 빨리 공무원 준비를 하여 졸업하기 전에 취직하기를 바라셨습니다. 저보다 더 많이 공무원 학원을 알아보시기도 했고요. 그러다 요즘은 부모님이 은행원은 어떻겠냐고 저에게 권유하십니다. 그 이유는 공무원도 괜찮긴 하지만 요즘 경쟁도 워낙 치열하고 제가 거의 2년 가까이 베스킨OOO에서 아르바이트 중인데 알바하면서 배운 손님 응대 능력이 도움이 될 거라고 하시더군요.

올해가 끝나기 전까지 진로를 결정하기로 부모님과 약속했습니다. 사실 그동안 엄청 미뤄 왔습니다. 4년 내내 이번 학기만 끝나면 진로를 결정하겠다고 말씀 드려 왔었는데 더 이상은 저도 미루고 싶지 않습니다.

인생은 단순하지 않습니다. 내 뜻이 강직하다고 해도 수시로 환경이 변하고, 주변이 나를 돕는다고 해도 살아가며 내 마음이 변하니까요.

여러분은 지금 공부에 허덕이고 시험에 쫓기느라 대학에만 가면 이 모든 게 다 끝날 것 같은 생각이 들겠죠. 좋은 대학에 가면 부모님 고생도 끝날 것 같고 미래도 밝을 것 같아 보입니다. 하지만 대학생이 되어도 고민은 끝나지 않습니다. 무언가가 되기 위해, 어딘가를 가기 위해 또 끝나지 않을 노력을 해야 하는 거죠.

고민 중인 저 학생에게 신이 나타나서 '은행원이 되십시오' 혹은 '공무원이 되십시오'라고 한다면 이 학생은 맘 편히 진로를 결정할 수 있을까요. 그렇지 않을 겁니다. 공무원이나 은행원이 된다고 해도 '내가 왜 이걸 하고 있는 거지?' '나랑 잘 맞지 않는 일 같아' 하며 혼란이 계속될 테니까요.

이 학생의 근본적인 문제는 정작 자신이 무엇을 하고 싶은지 모른다는 것입니다. 고등학교 때는 야무져 보였던 공무원이라는 목표 또한 부모님의 바람이었을 뿐 자신 안에서 나온 꿈이 아니지요.

고민 학생의 부모님이 공무원이나 은행원이 되라고 권하는 이유는 안정적인 월급 때문일 것입니다. 그 또한 직업 선택의 기준이 될 수 있겠으나 스스로 한 결정이 아니라 부모님이 내린 결론이라는 점이 문제지요. 부모님이 공무원 시험공부를 한다면 '내가 살아 보니 정년까지 꼬박꼬박 월급 받는 게 최고더라. 난 그렇지 못한 생활을 해서 너무 힘들었다'라는 마음가짐으로 몰입할 수 있을 것입니다. 그러나 이 학생은 그렇지 못합니다. '난 공무원에 별 흥미가 없어. 그럼 변변찮은 지방대 나와서 뭘 할 수 있을까?' 하는 생각에 아무것도 결정하지 못한 채 4년이 흘러가 버린 것이죠. 고민 학생 또래의 다른 사람들은 어떨까요? 사회 진출을 앞둔 대학 졸업생들을 대상으로 한 아주 흥미로운 연구가 있습니다.

😐 스톨리 블로토닉 연구소는 1965년부터 20년 동안 예일대와 하버드대 학생 1,500명의 졸업 후 생활을 파악했다. 이들이 어떤 기준에 따라 직업을 선택했고 사회생활을 통해 얼마나 많은 부를 축적했는지를 추적 조사한 것이다.

조사 결과 우선 직업 선택에서 전체 1,500명 가운데 83%에 해당하는 1,245명은 좋아하는 일보다 돈을 많이 벌 수 있는 일을 택한 것으로 나타났다. 연봉이 직업 선택의 가장 중요한 기준이었던 셈이다. 반면 나머지 17%는 보수는 적더라도 좋아하는 일, 꿈과 관련된 일을 직업으로 삼았다. 여기까지는 그다지 별다른 점이 없다. 그러나 20년 후 연구 대상 학생들이 재산을 얼마나 모았는지 파악하자 놀라운 결과가 나왔다. 전체 1,500명 가운데 이른바 백만장자 반열에 오른 사람은 101명이었다. 그런데 이중 돈벌이를 기준으로 직업을 골랐던 사람은 단 한 명뿐이었다. 나머지 100명은 사회에 발을 디딜 때 자기가 하고 싶은 일을 택했던 사람들이었다. 돈을 추구한 그룹과 좋아하는 일을 좇은 그룹이 백만장자가 된 비율은 각각 0.8% 대 39.2%로 조사되었다.

돈을 보고 직업을 택한 사람보다 좋아하는 일을 따라 직업을 택한 집단에서 백만장자가 훨씬 더 많이 나왔다는 것이죠. 어디 돈뿐일까요. 삶의 질, 명예, 건강, 리더십 등 측정할 수 있다면 모든 면에서 좋아하는 일을 택한 사람이 훨씬 탁월할 것입니다. 좋아하는 일을 할 때 발현되는 창의력과 집중력이 일을 더 잘하게 만들고 그것이 높은 성과로 이어지는 것이죠. 그러니 진로를 결정할 때에는 외부의 간섭 없이 내가 무엇을 좋아하고 또 하고 싶어 하는지 내면의 소리에 귀를 기울여야 합니다.

공무원을 하고 싶은 사람이 공무원을 하면 업무 성과도 높고 정년까지 보장되는 월급에 감사할 줄도 알게 될 것입니다. 하지만 안정적인 월급만 보고 공무원이 된 사람은 월급날만 기다리며 지루하게 업무를 이어 나갈지도 모릅니다.

☺ 영국의 런던 대학 역학 공중보건과 전문가들은 1985년부터 1988년에 걸쳐 35~55세의 공무원 7,524명을 대상으로 지루함 정도를 조사한 뒤 2009년 4월까지 25년 정도 이들을 지속적으로 관찰했다. 그런데 이들 중 지루하다고 불평한 사람들은 젊은 나이에 사망

할 가능성이 더 컸다. 또 지루함을 느끼는 빈도수가 높은 사람들은 삶에 만족하는 이들보다 심장 질환이나 중풍으로 사망하는 비율이 2.5배나 높았다.

그렇다면 왜 지루함을 느끼는 이들이 빨리 사망하는 것일까? 연구진은 그들이 지루함을 이기지 못해 흡연이나 음주 같은 건강을 해치는 습관에 의존하기 때문이라고 결론을 내렸다. 스스로 지루함을 없애는 무언가를 만들어 내지 못하고 담배나 술 같은 쾌락에 손을 대는 의존적 성향이 생명을 단축시켰다는 것이다.

결국 내가 하고 싶은 일을 하며 즐겁게 사는 것이 풍족하고 건강한 삶을 만들어 준다는 결론입니다. 고민 학생은 이 단순한 진리를 무시했던 것이죠. 공무원이든 은행원이든 하고 싶은 마음이 없다면 하지 말아야 합니다. 그리고 지금은 '내가 하고 싶은 것이 무엇일까' '나는 어떤 사람이 되어 어떤 삶을 살아야 할까'를 처음부터 다시 생각해야 합니다.

'내가 하고 싶은 것이 무엇일까' '나는 어떤 사람이 되어 어떤 삶을 살아야 할까'를 십대 때 고민했더라면 얼마나 좋았을까요. 이 학생은 부모님이 씌워 준 '공무원'이라는 굴레에 갇혀 아무것도 생각해 보지 않았던 겁니다. 4년 동안 왜 동아리나 인턴 활동을 아무것도 안 했느냐고 묻자 이렇게 답합니다.

"동아리는 보통 1학년 때 가입하고 활동을 시작하잖아요. 그때는 공무원 될 거라고 생각했으니까 공부에 방해될까 봐 일부러 아무것도 안 했어요. 인턴도 어차피 공무원 할 건데 그런 게 무슨 필요가 있나 해서……"

답답하고 안타깝습니다. 지금 이 학생이 겪는 막막함은 내가 좋아하는 것, 내가 하고 싶어 하는 것에 대한 열정을 일부러 무시한 결과입니다. 당장 이루지 못하더라도 나에 대한 관심은 가져야 하는데 말이지요.

쫓기듯 진로를 결정할 필요는 없습니다. 남들은 재수도 하고 휴학도 하는데 4년 동안 열심히 학교 다녔으니 졸업 후 1, 2년은 좀 쉬어도 좋지요. 용돈은 아르바이트를 하며 벌 수 있으니 다행입니다. 이런 시간을 가지며 책을 읽고 좋은 영화를 보며 나를 만나 보았으면 좋겠습니다. 가만히 앉아서는 내가 무엇을 좋아하는지 알 수 없으니 이런저런 것들을 경험하고 배우며 숨어 있던 나를 발견해야 합니다. 그동안 공부와 부모님에게서 자유롭지 못했던 나를 꺼내야 하는 거죠. 진로 결정을 또 미루어서 부모님께 죄송한 말씀을 드려야 할지도 모르겠습니다. 하지만 이번에는 다르죠. 그동안에는 나를 가린 채 고민을 하느라 답을 내지 못했던 거였고 지금부터는 나를 참여시킬 테니까요. 그것도 아주 적극적으로 말예요.

내가 좋아하는 게 무엇인지 알아 내는 것도 중요하지만 그것을 행동으로 옮기는 일은 더 중요합니다. 내가 좋아하는 일을 선택하는 것에는 용기가 필요하죠. '걸어서 지구 세 바퀴 반'으로 유명해진 한비야 씨는 국제홍보회사에서 고속 승진을 하며 부족함 없는 인생을 살 수 있었습니다. 하지만 그녀가 열심히 일한 이유는 세계 여행을 위한 비용을 벌기 위해서였지요. 때가 되자 그녀는 과감히 사표를 던졌습니다. 주위 사람들은 하나같이 강하게 만류했습니다. 왜 사서 고생을 하려고 하느냐는 거죠. 한비야는 당시를 이렇게 회상합니다.

> 😃 용기가 없었으면 못했지요. 용기라는 것이 어디서 나오겠어요? 어떤 일에 용기가 난다는 건 그 일을 하고 싶어 하는 마음에 비례하는 것 같아요. 직장? 그거 다 버릴 수 있는 거죠. 이 일을 하다 죽어도 좋다 싶은데 직장이 뭐 대수겠어요.

맞습니다. 어떤 일에 용기가 난다는 것은 그 일을 하고 싶어 하는 마음에 비례하는 법입니다. 하고 싶은 일을 선택한 결과는 어떤가요? 회사에서 고속 승진한 것과는 비교할 수 없을 정도이지요. 베스트셀러 작가가 되었고, 두 발로 걸어서 세계 일주를 한다는 꿈을 이루었으며, 그 경험으로 월드비전에서 긴급구호 팀장으로 일하며 전 세계의 어려운 이들에게 도움을 주었습니다. 네티즌이 만나고 싶은 사람 1위, 여성 특위가 뽑은 신지식인 5인 가운데 한 명, 세계적으로 평화를 만드는 100인에 선정되기도 했죠.

세계 여행은 안정된 소득은커녕 벌어 놓은 돈을 쓰는 일입니다. 그래도 내가 좋아하는 일이니 용기를 내게 되고 배우는 것이 생기지요.

그것을 기반으로 더 큰 꿈이 이루어지는 겁니다. 하물며 조금이라도 돈이 벌리는 일이라면 편리한 생활을 누리는 데 훨씬 유리하지 않을까요? 당장은 큰 차이가 없겠지만 10년 후 20년 후가 되면 엄청난 차이가 날 것입니다. 어물어물하다가 벌써 대학 4년이 지나가 버렸잖아요. 더 이상 '정말 내가 좋아하는 일을 해도 될까?' '돈이 안 벌리면 어쩌지?'라는 걱정에 매이지 않았으면 좋겠습니다. 소설가 이외수 선생님은 돈을 좇는 사람들에게 이렇게 충고합니다.

> 😊 감자 농사를 짓는 사람은 농사만 제대로 지으면 감자가 돈을 가져다 줍니다. 그런데 돈에 관심을 가지고 농사를 하면 돈이 안 됩니다. 사람들은 '내가 하는 일이 돈이 안 되면 어떡하지?' 하고 고민만 하는데, 사실 돈이 안 되는 분야는 없습니다. 어느 분야에서건 제대로 해서 상위 10% 안에 들어가면 먹고살 걱정은 안 해도 됩니다.

이제 답이 명확해졌지요? 진로 선택의 가장 정확한 기준은 '내가 좋아하는 일'입니다.

토막 독후감

언젠가 읽어야지 하면서 사 놓고 책장에 모셔 두기만 했던 책. 고민 학생의
메일을 보고 생각이 많아져 방 안을 돌아다니다가 '10대에 알았더라면 좋았
을 것들' 제목이 눈에 들어왔다. '이 학생은 10대에 무엇을 놓친 것일까' 답을
찾을 수 있기를 기대하며 선 채로 읽기 시작한 책.
책 속에는 꿈과 성공에 대한 다양한 사례들이 가득하다. 고민 학생에게 들려
주고픈 이야기를 발견했음은 물론, 읽는 내내 나태해진 나를 돌아보았다. 열
정 회복을 위한 동기 부여로 좋은 책이다.

책 속의 한 문장

성공은 행동과 연결되어 있는 것으로 보인다. 성공하는 사람은 끊임없이 움직인
다. 실수를 저지르기도 하지만 결코 포기하지 않는다.

– 콘래드 힐튼(힐튼호텔 창업자)

아이비 리에게 배우는
쉬운 목표관리법

미국 최대의 철강 회사인 베들레헴 철강의 회장 찰스 슈왑. 그는 밀려드는 업무를 어떻게 하면 최소한의 시간에 많이 처리할 수 있을까 고민하던 중 당시 유명한 컨설턴트였던 아이비 리에게 자문을 구했다.

"저녁에 침대 옆에 깨끗한 종이 한 장과 연필을 준비하세요. 그리고 내일 해야 할 일들을 생각나는 대로 쭉 적는 겁니다. 더 이상 생각나지 않을 만큼 적은 다음에 목록들을 보면서 가장 중요한 것 여섯 가지만 선정하세요. 중요한 것과 덜 중요한 것을 선별하는 것은 회장님이 하셔야 합니다. 종이 한 장의 차이라도 더 중요한 것 여섯 개를 선정해서 가장 중요한 것부터 순서대로 배열하십시오."

찰스 슈왑이 물었다.

"그 다음에는 어떻게 하면 되겠나?"

"네, 다음 날 출근해서 1번 업무를 목표한 만큼 다 끝내기 전에는 2번 업무를 절대 시작하시면 안 됩니다. 하루 종일 1번이 덜 끝나면 2번은 손대지 말아야 합니다. 이것이 꼭 지키셔야 할 규칙입니다. 3번이나 4번 항목이 아무리 강렬하게 회장님을 유혹해도 절대 그 유혹에 넘어가시면 안 됩니다. 반드시 1번을 끝낸 후 2번으로 넘어가십시오. 하루에 다 끝마치지 않으셔도 됩니다."

찰스 슈왑은 미소 지으며 말했다.

"생각처럼 어렵지 않군 그래. 오늘부터 당장 실천해 보겠네."

찰스 슈왑은 아이비 리의 조언대로 우선순위를 정해 하루 업무를 보았다. 결과는 놀라울 정도로 대만족이었다. 측정할 수 없을 정도로 생산성이 높아진 찰스 슈왑은 감사의 표시로 아이비 리에게 무려 20만 달러를 지급했다. 당시가 1920년대인 것을 감안하면 천문학적인 금액이 아닐 수 없다.

이 내용을 읽고 그날 밤 바로 실천해 보았다. 다음 날 해야 할 것들을 하얀 종이에 적고 특히 중요한 것에는 별표, 별표에도 우선순위에 따라 번호를 붙였다. 효과는? 대만족이었다. 다음 날 아침이 되니 '뭐 하지?' 하고 명할 겨를 없이 바로 중요한 일에 몰입할 수 있었고 메모한 순서대로 일을 처리하니 충동적으로 이것저것 만지작거리지 않게 되었다.

시작하기 전에는 아이비 리가 했던 말 '하루 종일 1번이 덜 끝나면 2번은 손대지 말아야 합니다'가 마음에 걸렸었다. 한 가지도 제대로 끝내지 못하고 오히려 일이 밀리게 되지 않을까 싶어서였다. 하지만 생각보다 일은 빨리 끝났고 2번, 3번으로 넘어가는 속도도 이전보다 훨씬 빨라졌다. 이 일을 마무리 짓지 않으면 다음 일로 넘어갈 수 없다는 생각에 더욱 집중할 수 있었다.

공부도 마찬가지다. 책상 앞에 앉아 '무슨 공부하지?' 뭉그적거리는 시간이 집중력을 떨어뜨리며, 이 공부 좀 하다가 다른 공부로 넘어가는 산만함이 아무것도 끝내지 못하게 만든다. 아이비 리가 말하는 우선순위 리스트 노하우를 바로 실천해 보자.

우연히 열리는 미래

토토와 함께한 내 인생 최고의 약속_

구로야나기 테츠코 · 가마타 미노루

😊 (……) 저나 테츠코 씨가 지금의 일을 선택한 건 우연이라고 할 수 있죠. 저는 어쩌다 보니 의사가 된 것뿐이라고 생각해요. 최근에는 젊은 사람들이 '자기 찾기'를 하고, 평생 직업을 구한다고들 하지만, 그런다고 해서 그게 찾아지는 건 아닌 것 같거든요.

이 구절을 읽고 밑줄 그으며 얼마나 큰 위로가 되었는지 모릅니다. 저도 어쩌다 보니 책을 쓰고 강의를 하게 되었으니까요. 진로 고민을 하는 청소년들이 종종 '선생님 같은 일을 하려면 어떻게 해야 돼요?'라고 묻곤 하는데 매번 똑 떨어지는 대답을 줄 수 없었습니다.

대학 진학을 할 때에는 그저 공부 잘하는 애들이 간다는 법학과에 갔고 별 성과 없이 졸업을 했어요. 특별히 법조인에 인생의 목적을 두지 않았더라도 열심히 공부해서 로펌에 취직하거나 부동산 거래 전문가가 되거나 대학원에 진학하는 친구들도 있었지만 저는 그렇지 못했습니다. 그저 '내가 하고 싶은 건 뭘까' '난 무슨 일을 하면 좋을까'를 생각하며 멍한 세월을 보냈죠. 내가 법학과에 가기를 바라셨던 아버지 원망을 하면서요. 대학을 졸업할 즈음 뭔가 돈벌이를 찾아야 할 것 같아 시작한 일이 고등학생들을 대상으로 하는 학습 멘토링이었습니다. 정규직은 아니었지만 학교 수업이 있는 날을 제외하고 주 3회만 출근해도 되었고 아르바이트로 했던 과외에서 좋은 성과를 내기도 했으니 잘할 수 있을 것 같았거든요. 그렇게 새로운 길이 열렸지요. 책을 쓰게 된 것도 우연이었어요. 처음에는 회사에서 출판하고자 하는 책의 업무를 담당했는데 일을 하는 과정에서 출판사, 기획사 사람들을 알게 되고 《노트 한 권으로 대학 가기》《중1부터 통하는 통 공부법》 같은 책들을 쓰기 시작했습니다. 그 책을 본 도서관이나 학교, 연수원 같은 곳에서 강의를 해달라는 전화가 걸려 왔지요. 그저 신기한 마음으로 강의를 다녔습니다. 그리고 그 일이 지금까지 이어졌습니다.

그런데 이렇게 우연히 이루어진 저의 진로 과정에 대해 늘 찜찜한 마음이 있었습니다. 청소년들에게는 '생생한 꿈을 가져라' '구체적인 꿈 목록을 작성하라'고 말하면서 정작 저는 그렇지 못했으니까요. 또 저처럼 분명한 꿈이 생각나지 않는 청소년들도 많을 거라는 것을 알고 있었기 때문에 더욱 부담이 되었습니다. 그런 상황에서 책 속에서 이런 구절을 발견했으니 얼마나 반가웠는지요. 꿈 없던 저의 청소년기와 청년기가 모두 위로받는 시원함을 느꼈습니다. 세상을 향해 "거봐라, 이렇게 훌륭한 분들도 이렇게 말하지 않느냐"라고 우쭐대고 싶은 심정이었죠.

책의 저자인 테츠코 씨는 심지어 자신의 젊은 날을 회상하며 '우연이 인생을 좌우한다'라고 말하기까지 합니다.

테츠코 씨의 처음 꿈은 음악가였습니다. 바이올리니스트인 아버지의 영향이었죠. 그래서 다섯 살 때부터 피아노를 배웠지만 너무나도 재능이 없어서 그만두었습니다. 피아노 선생님이 "만 명에 한 명 정도는 이런 아가씨도 있어요"라고 말씀하실 정도였으니까요. 그 다음 꿈은 발레리나였습니다. 〈백조의 호수〉 공연을 보고는 '바로 이거다!' 싶었던 거예요. 어머니가 한 선생님께 부탁해 학원에 다니게 되었는데 그 선생님이 가르쳐 주신 춤은 발레가 아니라 모던댄스였습니다. 음악에 맞춰 어슬렁거리며 걷다가 아하! 하며 포즈를 취하는 식이었는데 생각했던 것과 너무 달라 며칠 만에 이건 아니라는 걸 깨달았죠. 얼마 후 집에 찾아온 아버지 친구분이 "하느님께서는 누구에게나 뭔가 재능 한 가지를 주셨다. 그렇지만 그걸 깨닫지 못하고 사는 사람이 많지" 하는 말씀을 해주셨습니다. 그 말씀을 듣고 테니스를 치기도 하고 경마 기수가 되었으면 좋겠다는 생각도 해보았지만 이것도 저것도 안 되었습니다. 그러다 고등학교 1학년 때 마침내 찾았다고 생각한 것이 오페라 가수입니다. 이탈리아 오페라 영화 〈토스카〉를 보고 '이것밖에 없다!'고 생각한 거죠. 어떻게 하면 오페라 가수가 될 수 있을까 수소문하다 음악학교 성악과에 들어갔지만 이 또한 자신에게는 어려운 일이라는 걸 깨닫습니다. 테츠코 씨의 목소리는 소프라노 중에서도 높은 콜로라투라 소프라노인데 그런 역은 거의 없는 데다 먼저 입학한 선배가 그 분야를 꽉 잡고 있었고 설상가상으로 가사를 외지 못했습니다. 줄줄줄 외우는 것은 어느 정도 되었지만 중간만 툭 잘라 외우는 게 안 되었던 것입니다. 그렇게 4년이 흘러 졸업할 즈음이 되자 친구들은 모두 취직할 곳이 정해졌는데, 테츠코 씨는 갈 곳이 정해지지 않았습니다. 그렇다면 음악평론가는 어떨까, 하는 생각이 다시 들어 공부를 시작했습니다. 그러나 음악을 좋아하는 것과 평론은 다르다는 것을 알고 이것 역시 무리라는 사실을 깨닫지요. 그런 테츠코 씨가 NHK 텔레비전 방송국의 전속 여배우 모집에 응모한 것은 엉뚱하게도 좋은 어머니가 되고 싶었기 때문입니다. 그 무렵 처음으로 어린이를 위한 인형극을 보고 큰 감동을 받은 테츠코 씨는 '결혼해서 엄마가 되었을 때 아이에게 인형극을 보여 줄 수 있다면 얼마나 좋을까. 그림책이나 동화를 멋지게 읽어 줄 수도 있을 거야'라는 생각을 한 것이죠. 이번에도 '바로 이거야!' 하며 응모합니다. 텔레비전을 위한 배우라는 건 생각지도 못하고 말이죠.

테츠코 씨의 긴 이야기를 읽으며 헛웃음이 나올 지경이었습니다. 속으로 '난 그래도 이 정도는 아니다' 싶기도 했죠. 그렇게 배우가 된 테츠코 씨는 지금까지 30년 동안 인기 토크쇼 〈테츠코의 방〉을 진행하고 있습니다.

> 지금 나는 백 살 때까지 〈테츠코의 방〉을 진행하고, 무대 활동도 계속하고 싶다는 생각을 가지고 있다. 하지만 그런 생각을 하게 된 것도 우연히 배우가 되고, 어쩌다 보니 미처 엄마도 되지 못하고 일을 계속 하다 어느덧 그 일이 이 세상에 둘도 없는 소중한 것이 되었기 때문일 것이다. 젊었을 때에는 전혀 생각지도 못한 일이다. 하지만 나뿐 아니라 대부분의 사람들이 우연히 자신의 진로를 찾게 되는 것은 아닐까? 〈테츠코의 방〉에 나와 주신 분들도 거의 그렇다. 연극을 하고 싶다, 스타가 되고 싶다고 생각해서 곧바로 그렇게 된 사람은 거의 없다. 가마타 선생님도 어쩌면 초밥 만드는 사람이 됐을지 모르는데, 의사가 된 거라고 말씀하셨다. 우연히 신슈에 가셨고, 역시 우연히 세계의 어린이들을 위한 지원 활동을 시작하게 되었다. 그렇게 거의 대부분의 사람들은 생각지도 않다가 그 일을 시작하게 된다.

소설가 이외수 씨도 비슷한 말씀을 하셨습니다. 부모님의 권유로 교대에 진학했지만 화가가 되고 싶어 학교 다니는 내내 그림을 그리느라 정신이 팔려 있었다고 합니다. 글을 쓰게 된 것은 그림 도구 사느라 밀린 방값을 마련하기 위해서였다고 해요. 재미있게도 지금은 교사도 아니고 화가도 아니고 작가가 되어 많은 사람들을 행복하게 하는 작품 쓰기를 꿈꾸고 있지요.

미래는 이렇게 우연히 열리기도 하는 법입니다. 영화를 보다가 '그래 이거야' 싶기도 하고, 전철역 광고판에서 내가 배우고 싶은 것을 가르쳐 주는 학교의 모집 공고를 보게 되기도 하지요. 우연히 주어진 기회인만큼 더 열심히 하게 되고 마치 운명과도 같은 이 이끌림이 신비롭게 느껴지기도 합니다.

어린 시절부터 무언가를 꿈꾸어 정말 그 꿈을 이루는 사람들도 있죠. 하지만 모든 사람이 그렇게 살아가는 것은 아닙니다. '나는 왜 꿈도 없을까' 하며 자신을 비하하지 마세요. 내 꿈을 찾는 것은 사랑하는 사람을 찾는 것과 같아서 억지로 되는 것이 아닙니다. 자아 발견 프로그램이나 진로 캠프 같은 것들은 소개팅이라고 생각하면 돼요. 다양한 가능성을 탐색해 볼 수는 있지만 꼭 그 자리에서 내 꿈을 만나는 건 아니니까요.

😊 '자기 찾기'에 너무 집착하다 보면 도리어 미로에 빠지게 될지도 몰라요. 요즘은 그렇게 보이는 젊은이들이 제법 있거든요. 물론 '자기 찾기'라는 건 누구라도 해보고 싶은 것이고, 해도 괜찮아요.

하지만 찾지 못할 수도 있다는 걸 알아야 해요.

'자기 찾기'라는 것도 어른이 되고 나서 이런저런 생각을 하는 거야 괜찮지만 젊은 시절부터 그렇게 추구할 필요는 없다고 봐요.

꿈이 없어 조바심치던 마음이 조금 편안해졌나요? 너무 편안해진 나머지 "그럼 꿈 꿀 필요가 없겠네요? 그냥 우연히 다 정해지는 거면 계획이니 로드맵이니 이런 거 다 필요 없는 거 아니에요?"라고 묻고 싶은 마음이 생겼을지도 모르겠습니다. 꿈 꿀 필요가 없다니 천만의 말씀이에요. 더 나은 것, 더 좋은 것을 바라는 마음은 본능 같은 것입니다. 그게 바로 꿈꾸는 마음이지요. 사랑하는 사람을 찾고 싶은 것처럼 사람은 누구나 미래의 나를 향한 소망을 품게 마련이에요. '꿈꾸지 말아야지' 한다고 접어지는 마음이 아니라는 거예요. '내가 무엇을 할 수 있을까' '뭘 하면 행복할까' 하는 생각이면 충분해요. 테츠코 씨처럼 끊임없이 꿈을 꾸고, 여러 번 '그래 이거야!' 하며 감동을 받으세요.

또 하나 중요한 이야기. '우연'이 도와주는 건 꿈을 발견하는 것까지입니다. 우연한 기회에 꿈을 찾게 되었든 오래전부터 품어 왔던 꿈이든 꿈을 이루고 완성하는 데에는 성실한 노력과 만만치 않은 시간이 걸린다는 점을 기억하세요.

토막 독후감

《창가의 토토》를 감명 깊게 읽고 같은 저자의 책을 몇 권 더 구입했었다. 맑고 바른 심성을 가진 사람의 글은 언제든 좋은 선생님이 되어 준다는 것을 믿기 때문이다. 책 제목에 '토토와 함께한'을 붙인 것도 나와 같은 사람들을 겨냥한 마케팅 전략일 거다.

자아 찾기에 대한 내용은 책 전체의 내용 중 일부분에 불과하고 행복, 죽음, 가족, 음식, 건강 등 삶의 다양하고 중요한 소재들에 대한 이야기를 한아름 담고 있다. 처음부터 끝까지 대화 형식으로 되어 있어 나와 함께 이야기하는 듯 생생하긴 하지만 일목요연한 느낌이 없다는 아쉬움도 남는 책.

책 속의 한 문장

'자기 찾기'라는 말에는 다소 문학적인 느낌이 있어서, 그 말 자체만으론 멋지게 여겨지긴 하죠. 하지만 그렇게 뜻대로만 되지 않는 게 현실이죠. 실제로는 어떻게 할까, 하는 망설임 속에서 다들 살아가죠.

자기 찾기의 미로 탈출 힌트

책의 공동 저자인 가마타 씨는 '자기 혼자 힘으로는 자기 찾기의 미로에서 빠져나오기 힘들다, 친구하고의 관계나 자신이 존경하는 사람의 모습을 꼼꼼히 살피다 보면 그 미로를 빠져나오는 힌트를 얻을 수도 있다'고 말한다. 혼자만의 생각에 빠지면 답답하고 우울해지는 법. 자기 찾기 미로를 벗어나는 힌트는 생각보다 가까이 있을지도 모른다. 내 주변의 사람들, 텔레비전의 토크쇼, 책, 영화 등을 통해 영감을 얻어 보자.

- 나를 잘 아는 친구들, 나를 오랫동안 지켜보아 온 선생님, 가족들에게 흰 종이를 나누어 주고 내가 무엇을 잘하는지, 나는 어떤 사람인지, 어떤 직업이 잘 어울릴지를 써 달라고 부탁해 보자. 많은 사람들이 공통적으로 적은 내용이 있다면 보석 같은 힌트다.

- 내가 바라는 인생의 모습을 먼저 이루어 누리고 있는 사람이 있다면 그 사람이 쓴 책을 읽어 보자. 어떻게 그 꿈을 이루게 되었는지, 전문 직업인으로서의 삶은 어땠는지 등 구체적인 아이디어를 얻을 수 있다.

- 텔레비전의 토크쇼를 눈여겨 보자. 토크쇼에는 사회적으로 인정받고 유명한 사람들이 나오기 마련. 어느 누구도 쉽게 그 자리에 오른 사람은 없다. 다양한 인생 이야기를 들어 보며 삶을 관통하는 지혜를 배우자.

나에게 대학이 필요할까?

창의성의 즐거움_ 미하이 칙센트미하이

소영이는 삼수 끝에 지방대 간호학과에 들어갔습니다. 고3 때는 어떻게든 되겠지 하는 마음으로 입시를 치렀고 재수할 때는 아쉬움과 우울함으로 보냈지요. 삼수가 되어서야 겨우 생각을 정리하고 미련을 털어낼 수가 있었습니다.

"사실 성적은 세 번 다 비슷해요."

시험이란 게 그렇지요. 모든 수험생들이 마찬가지일 겁니다. 희망인지 욕심인지 모를 무언가를 붙잡고 혼란스러워하다가 결국 매일 묵묵히 그날의 공부에 몰두하는 것이 가장 큰 보람임을 깨닫는 거죠. 소영이도 그런 시간을 보냈습니다. 수능 점수는 비슷하지만 내면은 월등히 성장했어요. 마음의 여유가 생겼고 겸손해졌고 의료 선교사가 되겠다는 목표도 분명히 했습니다.

"남들은 한 번에 끝내는 걸 저는 왜 세 번이나 했는지 모르겠어요."

지나고 보니 아무것도 아닌데 괜한 자존심을 부린 것 같아 한숨이 나는 겁니다.

"철 드느라 그런 거지. 재수 삼수 없이 한 번에 대학 갔더라도 그 시간을 잘 쓰지는 못했을 거야. 놀고 휴학하고 방황하느라 이삼 년 흘려보냈을걸?"

내 뜻대로 인생이 풀리지 않을 때 비로소 우리는 내 속의 다양한 모습들을 만나게 됩니다. 내가 이렇게 속 좁은 사람이었나 깜짝 놀라기도 하죠. 부모님 밑에서 큰 어려움 없이 성장해 온 청소년들에게는 대학 입시가 그 첫 관문입니다.

모든 대학에 떨어지고 난 후 소영이는 졸업식에도 가지 않았습니다. 스승의 날 고등학교 친구들을 만나 선생님을 뵈러 갔을 때는 재수생 티 내는 게 싫어 화장을 진하게 했었지요. 부모님께 죄송스러워 집 앞 공공도서관 말고는 학원도 독서실도 다니지 않으면서 한편으로는 온갖 짜증으로 부모님 속을 뒤집어 놓는 이중성을 보이기도 했습니다. 괜한 분노와 우울함으로 밤늦게까지 수학 문제를 풀다가 엎드려 울기도 하고, 대학 가는 거 말고는 달리 살아갈 방법을 알지 못하는 자신이 답답해지기도 했습니다.

우리는 이렇게 밑도 끝도 없이 마음고생을 하며 철이 듭니다. 그리고 삶을 일구는 에너지는 이런 굴곡에서 나오지요. 작가인 리처드 스턴은 고통을 없애기 위해 그런 껄끄러운 부분에 언어를 입힌다고 했습니다.

🙂 부정적인 느낌까지 어떤 면에서 소중하게 느껴집니다. 그래서 나는 학생들에게 말하죠. '고통을 원망하지 말라. 소중한 것이다. 그것이 금광이고 여러분이 캐내야 하는 황금이다.' 물론 내가 이야기하지 않았거나 아마도 이야기하고 싶지 않은 추악하고 비열하고 비틀리고 허약한 모습들이 나 자신 안에 있습니다. 나는 그것들에 대해 이야기하지 않으면서, 그런 것들에서 힘을 이끌어낼 수 있죠. 그것이 힘의 원천입니다.

좌절도 에너지가 됩니다. 그것이 차마 남들에게 이야기하지 못할 비굴함이라 해도 말이죠. 그렇게 나의 밑바닥을 경험해 보면 다른 사람들을 이해하는 도량이 넓어집니다. 더욱 단단하게 살아갈 수 있을 것 같은 자신감도 피어나지요.

이 진리는 개인의 삶에만 한정되는 건 아닙니다. 개인이 모여 이룬 민족과 세대에도 마찬가지로 적용되지요. 인류 역사상 어떤 비참함도 없이 평화롭기만 한 시대에는 발전도 없었습니다.

😐 로마인들은 실용적인 법체제와 행정제도와 군사력을 통해 풍요롭고 안정적인 사회를 만들 수 있었다. 그러나 얼마 후 로마의 귀족들은 노력할 이유를 느끼지 못했다. 풍요는 그들을 타성에 젖게 만들었다. 값싼 노예 노동으로 그들은 노동력을 절약하는 새로운 장치에 무관심했다. (……) 만일 필요가 발명의 어머니라면 풍요의 역할은 그 반대인 듯하다.

저자의 지적에 따르면 생의 곤궁함이 우리의 잠재 능력을 자극한다고 할 수 있습니다. 그러니 소영이는 고3 때보다 재수 삼수를 거친 지금 더 창의적인 사람이 된 셈이죠. 실제로 재수 삼수를 거쳐 입학한 친구들은 고3에서 바로 대학생이 된 녀석들보다 훨씬 야무지게 대학생활을 합니다. 시간 아까운 줄도 알고 퍼 자느라 수업을 빼먹는 일도 드물죠. 비 온 뒤 땅이 단단해진다는 말은 괜한 말이 아닙니다. 그러니 소영이의 삼수는 누가 뭐래도 값진 시간입니다.

"그래도 모든 사람들이 그렇게 좋게만 보는 건 아니에요. 대부분은 삼수까지 해서 기껏 지방대 갔느냐는 눈빛이거든요."

그런 눈빛을 느낀다면 아마 소영이 스스로도 그렇게 생각하고 있기 때문일 겁니다. 고등학교 때부터 지금까지 소영이 마음 한켠을 차지하고 있는 물음표이기도 했습니다. 대학이라는 곳이 과연 삼수를 할 만큼의 가치가 있을까. 누가 알아주지도 않는 지방대 가서 등록금

내며 시간 죽이는 것보다 학원 다니면서 자격증 따는 게 더 낫지 않을까 하는 것이죠.

"사실 선교지에서 필요한 건 특별한 의술이 아니잖아요. 영양제 주사나 상처 소독하는 일이 대부분일 텐데 그걸 위해서 4년 동안 시간을 들이고 돈을 들여서 학교를 다녀야 한다는 게 좀 아까워요. 그 정도는 간호학원 같은 데서도 충분히 배울 수 있지 않을까요?"

고등학교 시절 단기 선교로 잠비아에 다녀온 이후 소영이는 선교에 대해 관심을 가졌습니다. 의사는 물론 간호사도 턱없이 부족한 선교 현장은 누가 어느 대학을 나왔는지 따위가 중요하지 않았지요. 공부 좀 못한다고 무시받지 않는 곳. 소영이 눈에는 그곳이 천국처럼 보였습니다. 하얀 이빨을 드러내고 웃는 잠비아의 꼬마들과 나중에 선교사가 되어 다시 돌아오겠다고 약속했었죠. 그래서 선교사가 되겠다는 꿈을 가졌는데 의료 선교로 분야를 정하고 보니 선교 현장에서는 쓰지도 못할 어려운 공부가 과연 필요할지 회의가 드는 것입니다.

"글쎄, 과연 그럴까? 대학 공부는 물론 간호사로 근무한 경력도 필요할 거 같은데? 간호학뿐 아니라 약학이나 행정학 같은 다양한 분야의 지식도 있어야 할 거야."

"왜요?"

"네가 다녀왔던 선교지에서는 할 수 있는 게 영양제 주사와 상처 소독밖에 없었을 거야. 약도 없고 치료할 사람도 없었겠지. 그곳에 경험 많고 지식이 풍부한 의료 선교사가 투입된다면 어떨까. 다양한 약을

지원받을 수 있는 방법을 찾아보고 그 지역 사람들이 많이 걸리는 병의 원인을 탐색해서 예방약도 처방할 수 있겠지. 진료 순번을 정해서 환자들이 기다리는 시간을 줄이거나 비슷한 증상을 보이는 사람들을 모아서 교육을 하는 등 실무적인 요령도 발휘하게 될 거야."

최소한의 자격증, 당장 필요한 것만 생각한다면 간호학원만으로도 충분하겠지요. 소독약 바르는 일은 간호학원까지 갈 것도 없습니다. 하지만 병원이든 선교지든 탁월한 기여를 하기 원한다면, 현장을 변화시키고 좀 더 나은 곳으로 만들기를 바란다면 기를 쓰고 배워야 합니다. 책의 저자인 미하이 칙센트미하이는 창의적인 업적을 위해서는 철저한 체계의 습득이 필요하다고 말합니다.

☺ 아무리 뛰어난 수학적 재능을 가진 아이라고 해도 수학의 규칙을 배우지 않고는 수학에 공헌할 수 없을 것이다. (……) 창의성을 발휘하고자 하는 사람은 창의적인 체계 안에서 움직이면서 그 체계를 자기 것으로 만들어야 한다. 다른 말로 하자면, 영역의 규칙과 내용뿐 아니라 현장이 선택하고 선호하는 기준에 대해 알아야 한다.

마찬가지로 소영이가 아무리 간절한 의료 선교의 소망을 품고 있다고 해도 의학을 제대로 공부하지 않고서는 의학은 물론 선교에도 공헌할 수 없을 것입니다. 발명가인 제이콥 라비노는 전문 분야의 지식과 훈련을 강조합니다.

☺ 창의적인 사고를 하기 위해서는 많은 양의 정보를 갖고 있어야 하죠. 만일 음악가라면 음악에 대해 많이 알아야 합니다. 음악을 듣고 기억하고 필요하다면 따라 할 수 있어야 합니다. 이를테면, 사막 한가운데서 태어나서 생전 음악을 들어 본 적이 없다면 베토벤처럼 될 수 없습니다. (……) 새들의 노랫소리를 따라 할 수 있겠지만 전원교향곡을 쓸 수는 없겠지요.

소영이의 전원교향곡이 기대됩니다. 선교지에서 평생을 봉사하며 의미 있게 사는 삶. 선교지의 사람들을 쾌적하고 건강하게 만드는 삶이겠죠. 그 아름다운 미래를 위해 지금 소영이에게 필요한 건 새로운 환경과 새로운 공부 속에 푹 빠져드는 일입니다. 배울 수 있는 것은 무엇이든 열심히 배우고 모든 순간을 진지하게 경험하기를 바랍니다.

칙칙한 삼수생에서 산뜻한 1학년이 될 소영이를 생각하니 웃음이 나네요. 할 수 있는 격려와 축복을 다 해주고 싶습니다. 도예가 에바 자이젤의 말로 토닥임을 대신합니다.

☺ 무슨 일이든 열심히 하세요. 시간이 많은 것보다는 시간이 부족하게 지내야 합니다.

토막 독후감

이렇게 묻고 싶은 독자들이 있을 것이다. "선생님 여기 소개한 책들 진짜 다 읽었어요?" 가슴에 손을 얹고 진짜 다 읽었다. 학생들에게 당당하기 위해서라도 다 읽어야만 했다. 그중에서 《창의성의 즐거움》은 시간이 가장 많이 걸린 책이었다. 책이 두껍기도 했지만 술술 읽힐 만한 내용이 아니었기 때문이다. 한참 생각에 빠지기도 했고 밑줄을 긋고 싶은 순간 펜이 없어 손톱으로 자국을 내놓기도 했다. 창의적인 사람들의 삶과 지성을 배울 수 있는 책, 참 감사한 마음으로 읽은 책이다.

책 속의 한 문장

진정으로 창의적인 업적은 갑작스러운 통찰력에 의한 것이 아니라 오랜 노력 끝에 찾아오게 된다.

창의성이 향상되는 생활방식

이 책은 우리와 동시대를 살아가고 있는 창의적 인물들의 체험담을 바탕으로 작성한 창의성에 대한 기록이다. 창의적인 사람들이 일하고 생활하는 방식을 고찰해 보고 예시된 인물들보다 나은 삶을 살아갈 수 있는 방법을 제안하고 있다. 창의성 향상을 위한 방법 몇 가지를 소개한다. 따라 하고 응용하며 우리의 일상과 공부, 일을 조금 더 풍요롭게 만들어 보자.

- 매일 무언가에 놀라움을 느껴 본다.

- 매일 적어도 한 사람을 놀라게 해본다.

- 무언가에 흥미가 당길 때 그것을 따라간다.

- 아침에 특별한 목표를 생각하면서 일어난다.

- 무엇을 하든 집중해서 해본다.

- 시간표를 지킨다.

- 성찰과 휴식을 위한 시간을 갖는다.

- 자신만의 공간을 꾸민다.

- 우리의 삶에서 좋은 것과 싫은 것을 가려 낸다.

- 좋아하는 일을 늘리고 싫어하는 일은 줄인다.

- 다각도로 문제를 바라본다.

- 문제가 함축하고 있는 의미를 생각한다.

- 최대한 많은 아이디어를 생각해 낸다.

꿈이란
꽃과 같은 것

나를 변화시킨 운명의 한마디__ 우에니시 아키라

제 주변에 대학을 1년 다니다가 자퇴하고 커피숍에서 아르바이트를 하고 있는 녀석이 있습니다.

"요즘은 어떻게 지내니? 커피숍 알바 그만뒀다며."

"필리핀으로 어학연수 가려고 그랬는데요, 시기가 잘 안 맞아서 다시 커피숍 알바 해요. 어차피 필리핀 가려면 돈도 모아야 되니까요."

취직을 해볼까 했지만 지금 구할 수 있는 일은 전화 마케팅 정도의 일이라고 합니다. 하루 종일 말을 해야 하니 목이 너무 아파 일을 계속하지 못하고 커피숍 아르바이트를 하며 쉬는 중이라네요.

"전공은 뭐였는데?"

"유아교육이요."

"왜 그만뒀어? 잘 맞을 거 같은데?"

"저도 잘 맞을 줄 알았어요. 아이들 좋아해서 갔는데 학교에서 배우는 건 아이들 좋아하는 거랑은 상관없더라고요. 학교가 멀어서 다니기도 너무 힘들고요."

가만히 있어도 한 학년씩 올라가던 고등학교까지의 의무교육이 끝나면 새파란 청춘들은 이렇게 세상에 던져집니다. 하고 싶은 공부도 없는데 대학에 다시 갈 이유도 모르겠고, 우선 용돈이라도 벌어야 하니 아르바이트를 하고 있지만 장기적이지 못하니 늘 미래에 대한 걱정이 많습니다. 친구들이 대학 다니는 시간 동안 어학연수나 여행을 다녀오면 좋겠지만 그것도 부모의 든든한 후원이 있어야 가능하지요. 그 녀석은 학교 때려치운 죄인이 되어 집에서는 조용히 지낸다고 합니다.

'난 앞으로 뭘 하며 살까?' 하는 꿈에 대한 막연함은 젖니가 빠지고 새 이가 나듯 자기 삶을 시작하는 나이에 누구나 겪는 답답함일 겁니다.

저의 꿈은 의사였다가 법조인이었다가 컴퓨터 프로그래머로 바뀌었습니다. 의사나 법조인은 누구나 한 번쯤 생각해 보는 꿈이니 그렇다 치고 컴퓨터 프로그래머는 좀 생뚱맞지요. 중학교 때 컴퓨터를 가르쳐 주시던 선생님이 하신 한마디 때문이었습니다.

"참 잘하는구나. 나중에 전공을 해도 되겠어."

특별히 컴퓨터를 잘할 이유는 하나도 없었습니다. 선생님은 나에게 뭘 해보라고 하고는 다른 아이들을 봐주며 돌아다니셨는데 선생님이 내주신 걸 다 하고 내 차례가 오지 않자 책의 뒷장을 넘겨 보며 다음에 배울 것을 혼자 해봤던 것입니다. 선생님이 보시기에는 가르쳐 주지도 않은 것을 혼자 했으니 매우 영특한 아이라고 생각하셨겠죠. 그런 내막을 뻔히 알면서도 저는 선생님의 칭찬에 한껏 부풀러 올랐습니다. 칭찬은 고래도 춤추게 한다더니 저는 그 격려에 힘입어 식상한 의사나 법조인 대신 컴퓨터와 관련된 전공을 하리라 마음먹은 것입니다.

그러니 컴퓨터 프로그래머는 그 당시 내가 알고 있던 컴퓨터와 관련된 직업 중 가장 멋있는 이름을 가진 직업에 불과했던 것이죠.

고등학교 입학 후 학생 정보 조사를 위해 적어낸 장래 희망에 저는 자신 있게 컴퓨터 프로그래머라고 적었습니다. 진학 희망 학교와 학과도 서울대 컴퓨터공학과라고 썼습니다. 입시의 현실을 잘 모르는 고1들이 다 그렇듯 저도 누구나 열심히만 하면 서울대에 가는 줄 알았으니까요. 컴퓨터공학과 역시 제가 알고 있는 컴퓨터와 관련된 학과 중 가장 멋있는 이름을 가진 학과에 불과했습니다. 지금 생각해도 오글거리네요. 컴퓨터 프로그래머가 뭐 하는 사람인지, 왜 그 꿈을 이루려 하는지에 대한 생각은 전혀 없었습니다. 서울대 컴퓨터공학과라니(서울대에 컴퓨터공학과가 있는지 어떤지도 몰랐으면서) 생각만 해도 멋있었으니까요.

그렇게 1년이 지나 문이과의 갈림길에서 저는 문과를 택했습니다.

컴퓨터 프로그래머라는 꿈을 생각한다면 이과를 택해야 했을 텐데 저는 당장 공부하기 어려운 수학과 과학(특히 물리)에 부담을 느꼈던 거죠. 그 꿈을 꼭 이루어야 하는 당위성이 없으니 눈앞의 점수 앞에 꿈을 내팽개치는 것도 쉬웠습니다.

문과 선택으로 의사와 컴퓨터 프로그래머가 물 건너가자 저의 꿈은 자연스럽게 법조인이 되었습니다. 어릴 때부터 내 귀에 못이 박이도록 아빠가 노래를 불렀던 꿈. 그래서 더 싫었고, 늘 그 길 말고 다른 길이 없나 두리번거렸죠. 그러나 다른 걸 하려 해도 딱히 하고 싶은 게 없어 결국 도돌이표처럼 늘 돌아오고 마는 지긋지긋한 꿈이었습니다. 당연히 왜 법조인이 되어야 하는지, 법조인이 되어서 어떤 가치를 이룰 것인지에 대한 고민도 없었지요. '아빠 때문에 법학과에 간다'는 야비한 핑계가 마음을 지배할 뿐이었습니다.

그렇게 법대에 진학하고 사법고시 공부도 했습니다. 법학과에 합격하던 날 아빠는 제가 이미 법조인이 된 듯 기뻐하셨지만 제 속에는 왠지 남의 꿈을 붙들고 있는 듯한 헛헛함이 있었습니다.

만만치 않은 공부를 하려니 아직 해결되지 않은 질문이 고개를 다시 들더군요. '나는 그 꿈을 왜 이루려 하는가?' 여러분이 어려운 문제를 풀다가 짜증이 나면 '공부를 왜 해야 하지?' '대학에 꼭 가야 하나?' 하며 허무해지는 것과 같습니다. '사람들이 인정해 주고 돈 잘 버니까?'라는 이유는 저를 설득하지 못했지요. 결국 저는 왜 법조인이 되어야 하는지 답을 찾지 못했습니다.

《나를 변화시킨 운명의 한마디》를 읽으며 그 시절 혼란스러웠던 나를 다시 만났습니다. 꿈이 확고한 사람은 생기가 넘치고 그 꿈을 생각하느라 피곤한 줄도 모른다는데 나는 왜 그렇지 못할까, 답답했었지요. 이유는 나의 꿈이 나를 납득시키지 못했기 때문입니다.

　　☺　목표를 달성하려면 나 자신부터 납득시켜야만 한다.

-C. 도체 C. K.

있는 힘을 다해 매달려도 될까 말까 한 사법고시를 걸핏하면 '아빠가 하랬잖아' 하는 핑계로 도망갈 궁리만 했으니 꿈을 이룰 수 있었겠어요? 공부의 동기를 만들고 하기 싫을 때 스스로를 일으키는 힘은 그 목표가 나에게 어떤 의미인지 충분히 납득되었을 때에 생겨나는 법입니다. 이렇게 좋은 책들을 고등학교 때에 읽었더라면 '아, 나는 내 꿈과 아직 밀접하지 않구나'라고 진단할 수 있었을 텐데요. 점수 따는 공부만 하느라 지혜를 얻는 독서는 하지 못했던 것이 아쉽기만 합니다.

여러분 중에도 저와 비슷한 고민을 하는 친구들이 있을 것입니다. 어디라도 가긴 가야 하니 학과를 정하기는 했는데 내가 진짜 이 공부를 하고 싶은지, 이렇게 정한 목표도 목표라 할 수 있는지, 도대체 나의 진짜 꿈은 무엇인지 모르겠는 혼란 말입니다. 저도 그랬습니다. 커피숍에서 알바 중인 자퇴생도 그렇고요. 많은 사람들이 그런 과정을 거치며 어른이 되어 갑니다. 그게 무엇 때문인지 알게 된 건, 그때도 조금은 알았지만 아닐 거라고 눌러 왔던 것을 인정하게 된 건 긴 시간이 흐른 뒤였습니다. 중고등학교 시절은 물론 대학을 졸업한 후에도 진로가 고민될 때마다 아버지에 대한 원망이 불쑥불쑥 고개를 들었으니까요. 그 원망 뒤에서 법대생이라는 간판을 은근히 즐기고 있는 간사한 저를 만나기도 했습니다.

지금 생각해 보면 왜 그리도 꿈을 정하지 못해 안달이었는지 모르겠습니다. '너는 꿈도 없냐'는 질책이 두려워서였겠죠. 다들 스마트폰을 쓰니 나도 스마트폰을 당연히 써야 하는 것처럼 모두들 꿈 이야기를 하니 나도 그럴듯한 꿈을 하나 마련해야 했던 겁니다. 될지 안 될지 모르지만, 그렇게 간절히 하고 싶지도 않지만 그마저 꿈도 없으면 정말 아무것도 이루지 못하는 미래가 돼버릴까 봐서죠. 미래에 대한 불안함이 우리에게 꿈 정하기를 다그치는지도 모르겠습니다.

　　😐 인간은 이미 지나간 상황보다 앞으로 일어날 상황에 대한 생각으로 더 큰 상처를 받는다.

-몽테뉴

이제는 어렴풋이 알겠습니다. 꿈이란 꽃과 같은 것이어서 사람에 따라 평생 한 송이를 피우기도 하고 들꽃처럼 매일 피고 지기도 한다는 것을요. 수시로 피고 지는 꽃이라 해서 귀하지 않은 것이 아니며 오히려 그 꽃들이 우리의 삶을 향기롭게 한다는 것을 말입니다. 삶의 지혜는 이렇게 오랜 시간 속에서 깨달아지는 모양입니다. 왜 그때는 이런 지혜를 알지 못했을까요. 등하굣길 길가에 피어 있는 꽃들이 매일 힌트를 주었을 텐데 말입니다.

☺ 시간은 많은 것을 해결해 준다. 당신의 현재 고민 역시 틀림없이 해결해 줄 것이다.

-데일 카네기

마음속에 꿈이 있나요? '나는 왜 그 꿈을 이루려 하는가'에 대한 답을 찾으며 스스로를 납득시키세요. 더욱 여러분의 삶과 밀접한 꿈이 될 것입니다. 혹시 꿈다운 꿈이 없어서 걱정인가요? 불안해하지 마세요. 내 인생을 이루어 가는 꿈은 입시에 맞춰 뿅 하고 생겨나는 것이 아니니까요. 어느 경우든 충분한 시간과 긍정적인 고뇌가 필요합니다. 나에게 주어진 일상에 감사하고 지혜가 담긴 책들을 열어 보며 내 꿈을 만나 보세요.

토막 독후감

나는 자주 우울해지는 편이다. 피곤하거나 바쁠 때 신경 쓸 일이 생길 때는 말없이 축 늘어져 매우 활기 없는 상태가 된다. 문제는 스트레스 상황이 지나간 후에도 그 우울 모드가 지속된다는 것인데, 그럴 때마다 의식적인 에너지 공급을 위해 마음에 힘을 불어 넣는 책을 읽는다.《나를 변화시킨 운명의 한 마디》도 그런 책들 중 하나.

짧은 글들이 모여 있어 아무 페이지나 펼쳐 읽기에 좋으며 어딜 펴도 가슴을 치는 명언이 있어 그동안 처져 있던 나를 깨운다. 재밌는 점은 읽을 때마다 밑줄 긋는 부분이 다르다는 것. 읽을 때의 내 관심과 고민에 따라 마음에 닿는 내용도 다르기 때문일 거다. 성공한 이들이 마음에 새긴 명문이라면 나에게도 전하는 의미가 있지 않을까. 지혜를 빌리는 마음으로 읽어 보자.

책 속의 한 문장

불평은 불행을 부르는 주문과 같다.

―조셉 머피

나를 성장시키는 목표 설정하기

- 작은 꿈을 이루다 보면 큰 꿈을 이루는 지혜도 터득하게 되는 법. 아주 작은 목표부터 연습하자. '외우기'보다 '다섯 번 쓰기'가 쉬우며 실천의 부담도 적다.

- 목표 달성은 질적으로 판단한다. '다섯 번 쓰기'로 실천이 이루어졌다면 '의미를 생각하며 다섯 번 쓰기'로 한 단계 높여 보자. 의미를 생각했는지 여부는 타인이 판단할 수 없으니 스스로 점검해야 한다. 양심은 가장 엄한 심판관이다.

- 의미를 생각하며 단어 다섯 번 쓰기를 해냈다면 작은 뿌듯함이 생긴다. 더 하고 싶은 마음이 솟아나기도 한다. 그 기쁨을 잊지 말자. 그 에너지로 열 번 쓰기에 도전할 수 있고 더 많은 단어를 공부할 수 있다. 목표 달성의 범위는 이렇게 확장된다.

- '열심히 하면 무엇이든 되겠지'는 성실을 가장한 무책임이다. 매일 나를 만나며 내 안의 소망을 발견해 보자. 하고 싶은 것이 있으나 친구들이 웃을까 봐 말 못한 꿈, 부모님이 반대할까 봐 일찌감치 포기한 꿈들을 다시 꺼내어 간직하자.

- 꿈의 주인은 꿈과 함께 성장한다. 처음에는 꿈도 주인도 어려서 명확하지 않으며 흔들리기 쉽고 뭐가 뭔지 잘 모른다. 인생 전체를 지배하는 분명한 목표 설정은 긴 시간이 필요함을 명심하자.

위대한
꿈

스물일곱 이건희처럼_이지성

만일 여러분에게 이건희 회장님을 만날 기회가 주어진다면 무엇을 물어보고 싶은가요? 저는 한 번도 그런 생각을 해본 적이 없었습니다. 적어도 이 책을 읽기 전까지는요. 언젠가 경영 컨설팅 세미나를 하며 '빌 게이츠나 워렌 버핏 같은 세계적인 CEO를 만나 저녁식사를 한다면 어떤 대화를 나누겠는가' 같은 이야기를 나눈 적이 있었는데 그때도 아무 생각이 없었습니다. 돈 많은 사람들이야 알아서 잘살 거고 나와는 거리가 멀다고 여겼으니까요. 나보다 조금 잘하거나 나와 비슷한 상황이라면 모를까 차이가 너무 많이 나니 그냥 멍할 뿐인 겁니다.

그래서 책을 읽으면서도 큰 기대는 하지 않았습니다. 마음 한쪽에는 재벌에 대한 부정적인 편견도 있었죠. '재벌 2세로 살면서 무슨 고민이나 있었을까? 평범한 청소년, 직장인들이 공감할 내용이 있을까?' 싶었던 거죠. 그런데 그게 아니었습니다. 특히 이 한 문장이 그랬지요.

> 😐 미래를 놓고 몸이 마를 정도로 고민했다.

　미래를 향한 고민이란 기업을 물려받을 것인가 내 길을 갈 것인가 따위가 아니었습니다. 이렇게 치열한 고민은 삼성의 회장으로 취임한 후의 일입니다. 처음엔 의아했죠. 아버지가 물려준 회사를 곱게 지키기만 해도 평생 편하게 먹고살 텐데 뭘 그렇게 걱정이 많을까 싶어서요. 하지만 곧 그런 태도가 더 이상의 발전을 거부하는 게으른 자기만족임을 깨달았습니다. 이건희 회장이 상대적인 풍족에 빠져 여생을 보냈다면 우리나라에 지금의 삼성이 있을 수 없었겠죠. 세계 어딜 가도 삼성이 만든 제품을 쉽게 만날 수 있으며, 소니를 이기고 애플과 어깨를 견주는 세계적인 기업 말입니다.

　이건희 회장은 미래를 놓고 몸이 마를 정도로 고민했던 상황을 이렇게 회상합니다.

> 😐 특히 1992년 여름부터 겨울까지 나는 불면증에 시달렸다. 그때는 하루 네 시간 넘게 자본 적이 없다. 불고기를 3인분은 먹어야 직성

이 풀리는 대식가인 내가 식욕이 떨어져 하루 한 끼를 간신히 먹을 정도였다. 그해에 체중이 10킬로그램 이상 줄었다.

저는 이렇게 온몸을 다해 미래를 소망하고 걱정해 본 적이 없습니다. 늘 말로만 엄살을 부리고 살았죠. '난 도대체 뭐가 될까?' '어떻게 살아야 할까?' 불안하고 막막해도 그 안에서만 맴돌 뿐 돌파구를 찾아 부딪혀 보지는 않았습니다. 그것도 몸살이 날 정도로는 말이죠. 제가 이건희였다면, 아버지로부터 삼성을 물려받았다면, 저는 우선 널찍한 책상과 쾌적한 회장실에 매우 만족하며 더 이상의 목표는 찾지 않았을지도 모릅니다. 나 개인의 미래에 대한 고민도 살이 빠질 정도로 해본 적이 없는데 회사의 미래에 대해서라니 오죽하겠습니까. 신이 제게 재벌 아버지를 주지 않은 이유를 알겠습니다.

대기업 회장님이 밥 한 그릇도 제대로 못 먹을 만큼 근심한 것은 무엇 때문이었을까요. 무엇이 그를 그토록 절박하게 만들었을까요. 그것은 바로 변화에 대한 욕구 때문이었습니다.

☹ 이대로 가다가는 사업 한두 개를 잃는 것이 아니라 삼성 전체가 사그라들 것 같은 절박한 심정이었다.

이건희 회장은 근근이 부도를 면하며 적당히 먹고사는 대기업 말고 세계 최고의 기업이 되어야 한다고 생각했습니다. 그렇게 되기 위해서는 모든 게 변해야 했지요. 어떻게 해야 할까 잠이 안 오고 밥을 못 먹고 몸이 축나도록 생각에 생각을 거듭한 끝에 사람들의 사고방식이 변해야 한다는 결론에 도달했습니다. 회사가 변하기 위해서는 사람이 변해야 하고 사람이 변하기 위해서는 사고방식이 변해야 하니까요. 그래서 엄청난 돈을 들여 직원들을 교육시키고 또 시켰습니다.

> ☺ 내가 신경영을 선언하고 신경영 대장정이라고까지 불렸던 간담회 를 가진 것은 구조적인 문제는 그 근본부터 해결해야 하고 그 근본 은 사람의 마음속에 있다고 생각했기 때문이다.

말이 간담회지 이건희 회장의 일방적인 강의라고 보아야 합니다. 사장단을 대상으로 했던 첫 강연에서는 무려 9시간이 걸렸다고 하네 요. 심지어 12시간 18시간씩 강의를 한 적도 있다고 합니다. 돈으로 계산을 한다면 1993년 전체를 놓고 볼 때 삼성그룹 총순익의 3분의 1 을 회사의 자기계발을 위해 쓴 꼴이지요.

아직도 정신 못 차린 저는 또 삐딱한 생각을 해봅니다. '회사가 망 한다고 해도 재벌은 여전히 재벌 아닌가? 외국에 사 놓은 부동산도 있을 거고 이미 빼돌린 재산이 어마어마할 텐데 뭐. 아님 이름만 바꿔 서 다른 회사 설립하겠지.' 내가 만약 재벌 2세였다면 그랬을지도 모 릅니다. 회사가 망하기 전에 외국 은행에 돈을 빼돌리고 다른 사람 명 의로 부동산도 사 놓고 그러다 세상이 잠잠해지면 다시 비슷한 회사를 세워 이름만 바꾼 상품을 파는 짓들 말이지요.

배불리 먹고살 것이 충분한데 이건희 회장은 무엇을 위해 그토록 삼성의 변화를 도모했을까요. 이건희 회장을 만날 기회가 온다면 바로 이걸 묻고 싶습니다. 무엇이 당신을 그토록 절실하게 만들었느냐고. 그 마음속 깊은 곳에는 무엇이 있었느냐고 말입니다. 저자는 그 답을 사랑이라고 말합니다. 즉 인류와 국가와 민족을 진실로 사랑하는 마음이라는 거죠. 삼성 사내 교육자료 〈삼성 신경영〉의 마지막 부분에서 이건희 회장의 대답을 짐작할 수 있습니다.

> 🙂 초일류 기업으로 가는 길이 아무리 험난하고 힘들다 할지라도 그것은 우리가 반드시 이룩하여 후세에 넘겨주어야 할 지고의 가치이자 목표다. 나는 이 목표의 실현을 위해 나의 생명과 재산 그리고 명예를 다 바칠 것을 분명히 약속한다.

초일류 기업을 만들어 스스로 성공을 누려도 훌륭할 텐데 이건희 회장은 그것을 단순한 성공이라고 생각하지 않았습니다. 반드시 후세에 넘겨주어야 할 숭고한 '가치'라고 했지요. 참으로 귀한 꿈입니다. 이렇게 큰 기상을 가졌다면 재벌 2세가 아니라 고아로 태어났다 해도 대기업 회장이 되었을 것입니다. 이 부분을 읽으면서는 이건희 회장 같은 사람이 재벌 2세로 태어나서 참으로 다행이라는 마음까지 들었습니다. 내가 회장 딸이라면 그런 꿈을 품을 수 있을까요. 그 많은 돈과 남부러울 것 없는 위치에서 인류와 사회와 다음 세대를 위한 꿈을 꾼다는 것은 또 그것을 위해 몸이 축날 만큼 애를 쓴다는 것은 실로 대단한 일입니다.

원고를 쓰고 있는 지금 이건희 회장은 입원 중입니다. 우리 집에서 걸어가면 5분 거리에 있는 병원이지요. 지금 뚜벅뚜벅 걸어가 "회장님을 만나러 왔는데요" 하고 병문안을 가고 싶습니다. 가당치도 않겠지만 그렇게 해서 이건희 회장을 만나게 된다면 마지막으로 묻고 싶습니다.

"소원하셨던 대로 모든 걸 다 쏟아부어서 이룩한 초일류 기업을 후세에게 물려줄 수 있게 되었습니다. 후세는 무엇을 이루어야 할까요? 이 위대한 명예와 자긍심을 어떻게 지켜야 할까요? 어떤 마음가짐으로 살아야 할까요?"

〈꽃보다 남자〉 같은 드라마를 보면 누구나 '나도 저렇게 살아 보고 싶다. 나도 재벌 2세면 얼마나 좋을까. 대학 걱정도 안 하고 취직 걱정도 안 하고 평생 돈 걱정 안 하고 살 텐데'라는 생각을 하게 됩니다. 하지만 재벌 2세로 한평생을 살았던 사람의 삶을 진지하게 살펴보니 재벌 2세도 아무나 하는 게 아니라는 생각이 듭니다. 지금 우리에게 필요한 태도는 남을 부러워하거나 나의 신세를 한탄하는 것이 아니라 위대한 꿈을 품는 일입니다. 나를 넘어 인류와 후세까지 이롭게 할 지극히 이타적인 꿈 말이지요.

이렇게 큰 꿈은 쉽게 꾸어지지도 않습니다. 지혜와 연륜이 필요한 일이기도 하지요. 이건희 회장이라고 해서 그렇게 위대한 목표를 어린 시절에 세운 것은 아닙니다. 이건희 회장이 삼성그룹의 회장에 취임한 것은 1987년 46세였고 숱한 시행착오를 거쳐 몸이 쇠하도록 미래를 향한 고민을 한 것은 1992년이었으니 51세였습니다.

저와 여러분의 꿈이 아직 어리고 약한 것은 당연합니다. 하지만 늘 꿈꾸기를 지속하고 세상을 향한 이타적인 방향성을 간직하기 바랍니다. 지금은 전공을 고민하고 직업을 고민하는 수준이지만 그렇게 한 고비를 넘겨 여러분이 어떤 분야에서건 충실히 이삼십 년을 보내고 나면 그 후에는 자연스럽게 우리의 머릿속에도 무언가 위대한 꿈이 자리잡을 것입니다.

토막 독후감

이건희 회장이 건강 문제로 입원 중이라는 뉴스가 연일 나오고 있던 중 우리 집에서 엎어지면 코 닿을 거리에 있는 병원 사진이 뉴스에 자주 나왔다. 저 건물 안에 누워 있을 한국 경제의 한 지축을 생각하니 이건희라는 사람의 인생이 궁금해졌다. 그래서 뽑아든 책.

세계 초일류 기업으로 우뚝 선 조직의 리더는 어떤 생각을 가지고 어떤 노력을 해왔을까. 책 속에는 힘 있는 가르침이 가득하다. 성공의 원리는 누구에게나 동일한 법. 직장을 학교로 일을 공부로 바꿔 읽어 보아도 좋을 것이다.

책 속의 한 문장

현실감각을 갖는다는 것은 '행동한다'는 것이다.

나만의 성공 관념을 만들기

책 속에는 자기계발에 구체적인 도움이 될 만한 실천 팁들이 많았다. 아쉽게도 직장인 등 어른들을 위한 내용이 대부분이라 청소년 독자들이 바로 따라 하기는 무리가 있는데, 그중 청소년들에게도 꼭 필요한 내용이 있어 재구성하여 소개한다. 준비물로 빨간색과 파란색 펜이 필요하다.

1. '나는 이것 때문에 어려울 것 같다'라고 말하게 만드는, 당신을 제한하는 모든 것들을 적어 보라. 성적, 건강, 가정 환경, 신체 조건 등 무엇이든 좋다. 마음껏 적어 보라.

2. 당신의 꿈을 가로막고 있는 사람들을 적어 보라. 부모, 친구, 경쟁자, 교사, 형제 등 누구라도 좋다. 그리고 그가 당신의 꿈을 가로막는 이유를 적어 보라.

3. 준비한 빨간색 펜을 들어서 1번 답과 2번 답 위에 커다랗게 X표를 하라.

4. 이번에는 파란색 펜을 들어서 X표 위에다 굵은 글씨로 이렇게 써라

"그럼에도 불구하고도 나는 할 수 있다. 내 생각보다 훨씬 더 잘할 수 있다. 정말 잘할 수 있다!"

5. 파란색 글씨를 진심을 담아서 큰 소리로 열 번 이상 외쳐라. 가슴이 뜨거워질 때까지 그렇게 하라.

6. 사고방식이 완전히 변할 때까지 "그럼에도 불구하고 나는 할 수 있다. 내 생각보다 훨씬 더 잘할 수 있다. 정말 잘할 수 있다!"라는 문구를 매일 진심을 담아서 큰 소리로 외친다. 매일 큰 소리로 외치기가 어려울 수도 있다. 그럴더라도 속으로는 외칠 수 있다. 매일 진지하게 자신을 부르고 마음속으로 부르짖어 보자. 소리가 나지 않아도 주먹에 힘이 주어지고 눈에 힘이 들어가는 것을 느낄 수 있을 것이다.

직접 해보면 눈물이 쏟아진다. 계속 외치다 보면 눈물 콧물이 발음도 엉망이고 모든 장애물을 넘어 반드시 꿈을 이루겠다는 강한 마음과 알 수 없는 외침만 남는다. 진심으로 소리를 치려면 장소 선택이 중요하다. 집에 아무도 없을 때 창문을 모두 닫고 집중하는 방법이 가장 무난하다.

3

너, 나,
우리

혼자 있기 좋아하는 저는 가끔 이런 상상을 합니다.
'만약 세상에 나 혼자라면 얼마나 편할까.'
처음엔 편할 것입니다. 잔소리하는 사람도 없고 눈치 볼 사람도
없으니까요. 총기난사를 해대는 정신병자들도 없고 개인정보를
빼내 가는 사람도 없으며 아무 데나 쓰레기를 내던지는 개념 없는
사람들을 보지 않아도 되니까요.
나름 구체적으로 이어지는 저의 상상은 제2편으로 넘어갑니다.
'편하긴 해도 계속 그렇게 살다 보면 심심하지 않을까?'
불러 주는 사람이 없으니 내 이름은 필요 없어지고 예쁜 옷을
차려입는 재미도 없으며 소개팅을 하는 설렘도 깔깔 웃을 일도
없습니다. 점점 말도 없어지고 밥도 대충 먹게 되며 외롭고
비참해지겠지요.
이쯤 되면 상상만으로도 우울해집니다. 나도 모르게 단 한
명이라도 나와 이야기를 나눌 사람이 세상에 남아 있길 소망하게
되지요. 누군가 한 사람이라도 세상에 남아 나와 함께 밥을 먹고,
내 이름을 불러 주며, 오늘 입은 옷이 잘 어울린다고 말해 준다면
얼마나 좋을까요. 내가 쓴 글이 아름답다고 박수쳐 준다면 얼마나
행복할까요.
그러다가 저 멀리서 어렴풋이 사람의 형상이 보이고 나와 같이
외로움에 허덕이던 누군가를 만나게 된다면 너무나 반가울
것입니다. 여러분이라면 그 사람에게 가장 먼저 뭐라고 말해줄
건가요? 아마도 이 세상에 있어 주어서 너무너무 감사하다는 말을
하게 되지 않을까요.
상상의 세계에서 빠져나온 저는 매번 같은 결론을 내립니다.
지금 내 눈에 보이는 모든 사람들은 그렇게 간절한 바람으로 이
세상에 온 사람들이라고요. 이 세상에 있어 주어서 너무너무
감사한 사람들 말입니다.

미움을
품지 마세요

만일 내가 인생을 다시 산다면_ 김하(엮음)

겨울방학. 인천의 한 교회에서 청소년 수련회가 있었습니다. 강의를 마치고 건물 밖으로 나오니 세찬 바람에 진눈깨비까지 내리고 있더군요. 우산도 없이 주차장 저쪽 차까지 뛰어야만 했습니다. 눈도 제대로 못 뜬 채 종종걸음을 치고 있는데 누군가 뒤에서 부르는 소리가 납니다.

"저기요. 잠깐만요."

내가 뭘 두고 왔나 싶어 얼른 뒤돌아 보았지요. 예쁘장한 여학생이 서 있습니다. 무슨 일이냐고 눈짓을 하니 서둘러 말합니다.

"제가 이제 고3이 되거든요. 저도 선생님 말씀대로 공부하면 가능성이 있을까요?"

그냥 두어도 예쁜 얼굴에 한 듯 안 한 듯 더한 화장이 능숙한 솜씨였습니다. 한눈에 보기에도 '좀 놀았던' 기운이 느껴졌지요. 한 번도 해보지 않았을 공부에 대한 질문. 학생의 눈빛에는 간절함이 있었습니다. 차마 다른 친구들 앞에서는 말을 꺼내지 못하다가 주차장까지 쫓아 내려온 절박함. 거짓말이라도 '그럼요 할 수 있어요' 같은 대답을 듣고 싶은 절실함 말이지요. 고3이면 당연한 듯 빠지는 교회 수련회에 참석한 것만 보아도 그 마음가짐이 평소와 다르다는 것을 짐작할 수 있었습니다. 한두 마디로 끝날 이야기가 아닌 것 같아 우선 안으로 들어갔습니다.

"이제 고3이 된다고?"

"네."

"작년 수련회에서 널 만났으면 더 좋았을 것을. 그래도 하면 되는 거니까. 음…… 지금 고3 앞둔 아이들 다 똑같아. 할 것은 많고 마음은 급하고. 다 잘해야 한다고 생각하면 부담스러워서 못해. 가장 걱정되는 거 한 가지만 해결하자. 그러면 훨씬 편안해지고 자신감이 생겨서 다른 공부 하는 데도 힘이 될 거야. 제일 안 되는 게 뭐야?"

"영어요."

"영어가 왜?"

"하나도 모르겠어요."

"뭐를? 영어 실력이 부족한 거야, 영어 공부 방법을 모르는 거야?"

"모르는 단어도 너무 많고. 그냥 다요. 영어 공부를 계속 안 했어요."

'그냥 다요'는 공부 못하는 학생들 입에서 공통적으로 나오는 대답입니다. 점수가 낮은 정도가 아니라 그 과목의 개념이 아주 없다는 말이지요. 내가 무엇을 모르는지도 모른다는 뜻입니다.

"지금도 안 하고 있니?"

"학원에서 하긴 해요."

"그동안은 왜 안 했어?"

"중학교 때 영어 선생님이 너무 싫었어요."

"몇 학년 때?"

"2학년 때요."

"그럼 중2 때부터 영어 공부를 안 한 거야?"

"네."

영어 선생님에 대한 부정적인 감정은 아직도 풀리지 않았는지 얼굴빛이 확 변했습니다. 기가 막힌 일이지요. 영어 선생님이 싫다는 이유로 영어 공부를 하지 않고 그렇게 수년이 흘러 고3까지 왔습니다.

감정이 예민해지는 사춘기에는 선생님이 싫으면 그 선생님이 가르치는 과목까지 거부하게 됩니다. '청소년들이 흔히 하는 실수지요. 부정적인 에너지는 부정적인 에너지를 끌어 모읍니다. 누군가를 미워하는 마음은 결국 나에게 해를 입히죠.

☺ 가장 치명적인 타락은 남을 미워하는 것
　　가장 어리석은 일은 남의 결점만 찾아내는 것

미움이 타락이라니. 한 번도 생각해보지 않은 연관성입니다. 하지만 정확한 표현이기도 합니다. 선생님을 미워하느라 스트레스 받고 에너지를 낭비하고 결국 내 점수만 떨어졌으니까요. 꼭 술, 담배에 빠져 공부를 안 해야 타락인가요.

저도 비슷한 실수를 한 적이 있습니다. 대학을 졸업하고 직장에 다닐 때였죠. 제가 미워했던 사람은 직장 상사였습니다. 다른 사람들에게 쉴 새 없이 많은 일을 시키고 그 사람은 늘 빈둥거리며 노는 것 같았거든요. 그러다가 사장님이나 이사님께 보고를 할 때는 부하직원들이 한 일을 자기가 한 것인 양 그럴듯하게 둘러대며 칭찬을 받는 것이었습니다. 돌이켜 생각해 보면 직장이라는 곳이 다 그렇게 돌아가는 것이지만 학교 다니며 공부만 해봤지 다른 경험은 없었던 초보 직딩으로서는 받아들이기 힘들었습니다. 그런 상사가 미워지자 일을 하기가 싫어졌습니다. 내가 열심히 해봤자 나에게 돌아오는 공이 없으니 다른 일이 많아 일정이 밀렸다는 둥 이런저런 핑계를 대며 일을 게을리 했지요. 당연히 직장생활이 재미없었습니다. 아침마다 억지로 일어나 하기 싫은 출근을 했고요. 아무런 성취감도 없이 멍하니 허송세월을 보냈습니다. 상사에 대한 미움을 품으니 내 일, 내 일상이 모두 피폐해졌습니다. 하지만 그때는 그 모든 원인이 미움에 있었다는 것을 몰랐습니다. 이 일이 적성에 안 맞나? 회사를 그만둔다면 앞으로 뭘 하면서 살지? 하며 답답한 물음표들만 떠올렸죠. 결국 오래

지나지 않아 퇴사를 했습니다. 회사를 다니며 미움을 품었더니 배움도 없었고 실력도 쌓지 못했으며 회사에 이익이 되지도 못했지요. 결국 월급만 축내고 만, 회사 입장에서는 입사하지 않았더라면 더 좋았을 직원이 되고 말았습니다.

> ☺ 당신이 불행하다고 해서 남을 원망하느라 기운과 시간을 허비하지 말라.
> 어느 누구도 당신 인생의 질에 영향을 끼칠 수 없다.
> 오직 당신뿐이다.
> 모든 것은 타인의 행동에 반응하는 자신의 생각과 태도에 달려 있다.
>
> -어니 J. 젤린스키

그때 직장상사를 원망하느라 기운과 시간을 허비하지 않고 주어진 내 일에 몰두했다면 어땠을까요. 더 많은 자료를 읽고 더 많은 걸 배우며 더 많은 성과를 낼 수 있었겠지요. 긍정적인 에너지는 긍정적인 에너지를 부르는 법. 그 성취감 때문에 매일 출근길이 즐거웠을 것입니다. 일시적으로는 내가 받을 칭찬을 상사가 가로챌 수도 있겠지만 점점 내 실력이라는 것이 드러나게 될 테고 저는 점점 회사에서 중요한 사람이 되어 갔을 것입니다. 승진을 하고 더 많은 급여를 받으며 영향력을 가지고 일을 할 수 있었겠지요. 직장 상사에게는 물론 회사에도 유익한 사람이 될 수 있었을 것입니다.

이 이야기를 주차장 소녀에게 해주지 못한 것이 아쉽습니다. 영어 선생님에 대한 미움이 마음속에 남아 있으면 아무리 훌륭한 공부 방법이라 해도 효과를 낼 수 없을 테니까요. 영어 선생님에 대한 기억이 어떻든 다 지난 일이니 시원하게 털어 버리고 열심히 공부에 매진했으면 좋겠습니다. 더 나아가 이 책이 돌고 돌아 그 소녀에게도 읽히기를 소망합니다. 그때 내가 왜 그렇게 힘들었는지, 왜 그렇게 어리석었었는지 돌이켜 생각해 볼 수 있게요. 그래서 다시는 미움을 품는 '타락'을 범하지 않기를 바랍니다.

☺ 인생이란 원래 공평하지 못하다.
이런 현실에 대해 불평하지 말고 받아들여라.
세상은 너 자신이 어떻게 생각하든 상관하지 않는다.
세상이 너희한테 기대하는 것은, 네가 스스로 만족을 느끼기 전에 무엇인가를 성취해서 보여 주기를 기다리고 있다.
학교 선생님이 까다롭다고 생각되거든 사회 나와서 직장 상사의 진짜 까다로운 맛을 느껴 봐라.
공부밖에 할 줄 모르는 '바보'한테 잘 보여라.
사회 나가서 그 '바보' 밑에서 일하게 될지도 모르니까.

-빌 게이츠

토막 독후감

전철역이나 공공화장실에서 문득 좋은 글귀를 만날 때가 있다. 별 생각 없이 눈이 가는 대로 읽었는데 '그래 정말 맞는 말이다' 싶어 몇 번이고 다시 읽게 되는 감동. 이 책이 주는 느낌이 그렇다. 쉽게 읽히지만 지혜롭고 아름다운 시들이 담겨 있어 한 구절을 읽고도 한참을 생각에 빠지게 된다.

책 속의 한 문장

만일 내가 인생을 다시 산다면
이번에는 더 많은 실수를 저지르리라.
긴장을 풀고 몸을 부드럽게 하리라.
그리고 좀더 우둔해지리라.

– 나딘 스테어

영포자들을 위한 단어 공부 팁

영포자였던 주차장 소녀에게 시급한 건 단어 공부다. 수능의 모든 문제는 독해 지문을 기반으로 출제되고 문장을 이해하려면 단어·숙어의 뜻을 알아야 하기 때문이다. 그날 주차장 소녀에게 들려주었던 영단어 공부법을 여러분과도 나눈다.

"마음은 급하겠지만 너무 욕심 부리지는 말자. 학교에서 학원에서 그날 배운 만큼만 하면 돼. 매일매일 하면 엄청난 양이야. 교과서나 EBS 교재에 있는 단어는 특히 집중하도록 해. 단어장을 하나 준비해서 날짜를 쓰고 수업 진도든 숙제 내용이든 모르는 단어는 모두 뜻을 찾아서 옮겨 적어. 다 외우려고 생각하면 부담스러우니까 그냥 '여러 번 본다'라고만 생각하자. 뜻 찾으면서 한 번 보고, 단어장에 옮겨 적으면서 또 한 번 보고, 그러고는 아침 점심 저녁 밥 먹을 때마다 한 번씩 봐. 자기 전에 또 한 번 보고. 왜 약을 먹을 때 '식후 30분에 드세요'라고 하는지 아니? 규칙적으로 약을 먹기 위해서래. 밥이랑 약효는 사실 아무 관련이 없는 거지. 지금 너는 영어 환자야. 영어 공부는 약이라고 생각해야 돼. 늘 손에 단어장을 들고 다니면서 수시로 들여다보자. 아침은 집에서 먹고 단어장은 등굣길에 보면 되지. 점심 저녁은 학교에서 먹으니까 여유 시간에 보면 되고. 자기 전에는 꼭 다시 한 번 보자. 할 수 있겠니?"

"네."

"외운다고 생각하면 한숨만 날 거야. 하지만 자주 본다고 생각하면 얼마든지 가능해. 늦었다고 생각하지 마. 공부는 하려고 하는 사람에게 다가가는 법이야. 힘내."

나랑 같이
밥 먹을래?

천사들의 제국_베르나르 베르베르

진경이네는 원하는 고등학교에 배정을 받기 위해 이사까지 했습니다. 전에 살던 곳에서 가까운 학교는 진경이가 다녔던 중학교와 같은 재단의 A학교인데 엄마들이 나서서 학교 일을 꾸려 나가는 분위기여서 진경 엄마도 거의 매일 등교를 하다시피 했었습니다. 자연스럽게 엄마들의 치맛바람도 대단했지요. 성적이 좋은 자녀를 둔 엄마들의 입김은 교내 경시대회의 수상자 결정에도 영향을 미칠 정도였습니다. 그곳에 계속 산다면 A고등학교로 가게 될 가능성이 높지요. 작년에도 진경이네 단지에 사는 선배들은 모두 A학교에 갔습니다. 진경이나 엄마나 고등학교까지 그렇게 다닐 자신이 없었습니다. 그래서 옆 동네의 B고등학교 가까이로 이사를 했습니다. 그 단지 거주학생은 거의 B고등학교에 배정받는다고 했거든요. 그런데 생각지도 못한 일이 벌어진 거예요.

"헉! 선생님 완전 망했어요."

"왜?"

"저 고등학교 완전 이상하게 됐어요."

"어떻게 됐는데?"

"C고등학교요. 우리 학교에서 거기 간 애들 세 명밖에 없대요. 코앞에 학교 두고 버스 타게 생겼어요."

치맛바람을 피하는 데는 성공했지만 예상치도 못한 학교 배정에 진경이도 엄마도 당혹스러웠습니다. 그래도 어쩔 수 있나요. 공부만 열심히 하면 된다는 생각으로 마음을 다잡았지요. 하지만 입학을 해 보니 상황은 더욱 안 좋았습니다. 전교생의 90%는 인근 중학교에서 한꺼번에 올라온 아이들이라 학교 분위기는 그들의 손아귀에 있었거든요. 친한 패거리들도 이미 정해져 있는 상태여서 진경이는 같이 밥 먹을 친구 찾기도 어려웠습니다.

"너네 학교에서 간 애들 세 명 있다며."

"누군지도 모르고 어느 반에 있는지도 몰라요."

입학 후 외롭고 자존심 상하는 날들이 계속되었습니다. 떠들썩한 교실 분위기 속에서 반 친구들은 진경이를 힐끔 쳐다볼 뿐 투명 인간 취급이었지요. 도무지 그들의 틈바구니에 끼어들 수가 없었습니다. 가장 곤혹스러운 건 점심시간. 아이들이 우루루 빠져나가면 멀찌감치 혼자 떨어져서 식당에 갔는데 그러다 보니 뒷반 아이들이 이미 줄을 서기 시작했고, 차마 배식 줄에 끼어들 수가 없어 그냥 교실로 돌아왔다는 겁니다.

"밥을 안 먹었단 말이야?"

"네."

"배는 안 고팠어?"

"조금 고팠는데 초콜릿 가져온 거 있어서 그거 먹고 그냥 집에 와서 밥 먹었어요."

그렇게 진경이는 일주일 동안 밥을 먹지 못했습니다.

"그래도 철판 깔고 줄을 서야지. 밥을 안 먹으면 어떻게 해."

외롭고 서러웠던 진경이는 엉엉 울어 버렸습니다.

"그런 게 텃세라는 거야. 어떡하겠어 네가 먼저 말을 걸어야지. 착해 보이는 애들한테 가서 밥 먹으러 같이 가자고 해봐."

"그건 진짜 못하겠어요."

"처음 한 번만 어려운 거야."

"그래도 싫어요."

"그럼 혼자라도 가서 밥을 먹든가."

"안 먹어도 돼요."

"언제까지 안 먹을 건데?"

"……"

"버틸수록 너만 손해지. 시간이 더 지나면 진짜 왕따된다니까. 지금

서로 잘 모를 때 네가 먼저 쭉 깔고 들어가. 자존심이 어딨어. 자존심은 나중에 성적 나오고 그러면 다 회복되는 거야."

진경이는 자신을 불쌍한 듯 바라보는 친구들에게 먼저 가서 말을 걸기가 싫다고 했습니다. 그럴 만도 하지요. 초등학교 중학교 모두 학급 임원을 도맡으며 성실하고 모범적인 학교 생활을 했으니 진경이 주변에는 친구들이 늘 많았거든요. 전학을 해본 적도 없으니까 교실 안에서 혼자가 된 기분이 무엇인지 몰랐던 겁니다. 아무도 내 편이 없을 때 어떻게 행동해야 하는지 진경이는 혼란에 빠졌습니다.

베르나르 베르베르라면 진경이에게 뭐라고 조언할까요. 아마도 협동·상호성·용서 세 가지 원칙을 실천하라고 하지 않을까요. 약하고 줏대 없어 보이는 이 방법들이 결국 가장 오래 살아남으며 경쟁에서 승리하기에도 유리한 '전략'이기 때문입니다.

😊 1979년에 수학자 로버트 액설로드는 살아 있는 존재처럼 행동할 수 있는 컴퓨터 프로그램들 중에서 가장 우수한 것을 가리는 일종의 토너먼트를 주최하였다. (……) 로버트 액설로드는 이 토너먼트에 관심을 가진 동료들로부터 14개의 프로그램 디스켓을 받았다. 각 프로그램에는 저마다의 행동법칙이 있었다. (……) 어떤 프로그램들은 가능한 한 빨리 다른 프로그램에 접근하여 그 프로그램의 점수를 빼앗은 다음 상대를 갈아치우는 것을 행동 규칙으로 삼았다. 또 어떤 프로그램들은 다른 프로그램들과의 접촉을 피하

고 혼자 해나가려고 애쓰면서 자기 점수를 지키는 쪽으로 나갔다.

진경이가 이런 경우죠. 진경이는 일주일 동안 친구도 만들지 않고 뻘쭘하게 밥 먹는 자리도 피하며 혼자 학교를 다녔습니다.

😊 그런가 하면 어떤 것들은 '남이 적대적으로 나오면 그만두라고 경고하고 나서 벌을 가하는' 방식이나 '협동하는 척하다가 기습적으로 배신하기' 같은 방식을 행동규칙으로 삼았다. 각 프로그램은 다른 경쟁자들 하나하나와 2백 차례씩 대립하였다.

흥미로운 실험이죠? 결과는 어땠을까요.

😊 다른 모든 프로그램을 이기고 승리를 거둔 것은 협동·상호성·용서를 행동규칙으로 삼은 애너톨 레퍼포트의 프로그램이었다. 그보다 훨씬 더 놀라운 사실은 협동·상호성·용서의 프로그램이 다른 프로그램들 속에 놓이게 되면 처음에는 공격적인 프로그램들을 상대로 점수를 잃지만, 결국에는 승리를 거두고 시간이 흐르면 흐를수록 다른 프로그램들의 행동에 영향을 미치기까지 한다는 점이다. 이웃한 프로그램들은 그 프로그램이 점수를 모으는 데 가장 효율적이라는 점을 깨닫고 마침내 똑같은 태도를 취하게 된다는 것이다.

이 실험 내용을 읽고 한참 멍하니 허공을 바라보았습니다. 결국 우리가 지켜야 할 태도는 유치원 때부터 배워 온 것이었습니다. 친구들과 싸우고 있을 때 어른들은 "지는 사람이 이기는 거야"라며 알 수 없는 말씀을 하셨지요. 아이들의 싸움을 말리려고 '생 거짓말'을 한다고만 생각했었는데 그게 아니었습니다. 진짜 이기는 것이니까요. 상대방이 나에게 어떻게 하든 도와주고 용서하는 사람이 승자가 되는 것입니다.

☺ 이것은 단지 선의의 문제가 아니라 우리 자신의 이익이 걸린 문제이다. 컴퓨터 공학은 무엇이 우리에게 이익이 되는가를 입증해 주고 있다.

협동·상호성·용서 프로그램을 만든 애너톨 레퍼포트는 철학자이자 심리학자로 당시 토론토 대학 교수였습니다. 그는 협동·상호성·용서가 타인을 상대로 행동하는 방식 중에서 가장 '효율적'이라는 견해를 발표했지요. 한 개인이나 조직이나 집단이 다른 개인이나 조직이나 집단을 만날 때 먼저 협동을 제안하고, 상호성의 원칙에 따라서 자기가 받은 만큼 남에게 주는 데에서 이익을 얻게 된다는 것입니다. 상대가 도움을 주면 이쪽에서도 도움을 주고 상대가 공격을 하면 똑같은 방식과 똑같은 강도로 반격을 가합니다. 그리고 나서는 상대를 용서하고 다시 협동을 제안해야 한다는 겁니다.

🙂 이것이 의미하는 바는 직장 동료나 경쟁자가 우리에게 어떤 모욕
을 가할 경우 그것을 잊고 마치 아무 일도 없었던 것처럼 같이 일
하자고 그에게 계속 제안해야 한다는 것이다. 결국에 가서는 이 방
식이 효과를 발휘하게 된다.

멋있습니다. 이렇게 행복한 진리가 과학으로 입증되다니요. 협동
을 제안하고 상호성으로 유지하는 것만 해도 좋은데, 서로 공격이 오
간 후에도 용서하고 다시 협동을 제안한다는 점이 훌륭합니다. 감정
이 없는 컴퓨터니 아무렇지도 않게 용서와 협동을 할 수 있었겠죠. 사
람은 한번 마음이 틀어지면 눈도 안 마주치는 사이가 되고 맙니다. 이
런 점은 컴퓨터한테 배워야겠네요. 진심이 아니라도, 순전히 이기기
위해서라도 용서와 협동의 행동을 해야 합니다. 문득 성경 구절이 하
나 떠오르네요.

🙂 악에게 지지 말고 선으로 악을 이기라.

-〈로마서〉 12장 21절

이제 진경이의 행동 전략이 나왔습니다. 누구에게든 가서 함께 밥
을 먹자고 배시시 웃는 것입니다. 협동을 제안하는 거죠. 처음에는 지
는 것처럼 보이겠지요. '쟤 저기 붙어서 밥 먹네' 하며 수군거리는 소
리가 들릴지도 모릅니다. 하지만 두고 보세요. 결국 진경이를 신뢰하

는 친구들이 늘어나게 될 테니까요. 더 나아가 진경이의 행동 전략이 주변에 영향을 끼쳐(컴퓨터 프로그램들이 그랬듯) 끼리끼리 견제하는 배타적인 분위기가 달라지기를 바랍니다.

토막 독후감

상·하 두 권으로 되어 있는 이 책은 죽은 후 천사가 된 이들이 천상에서 겪는 이야기이다. 천사들은 지구의 인간들을 돌보며 답답함을 느끼기도 하고 나쁜 영혼들과 싸움을 벌이기도 한다. 모두 상상에 불과하지만 저자의 상상력은 엉뚱하면서도 선하다. 범죄와 이기심이 들끓는 세상. 그래도 그 안에서 결국 승리를 거두는 것은 이타적인 마음이라는 것을 소설 곳곳에 숨겨 두었다. 인류를 사랑하고 신뢰하는 마음을 가진 작가. 그 마음이 녹아든 책이니 신간이 나올 때마다 베스트셀러에 오르는가 보다.

책 속의 한 문장

아마도 남에게 어떤 나쁜 일이 일어나기를 바라면, 그것이 천상 어딘가에 있는 장부에 기록이 되어 나중에 부메랑처럼 나에게 돌아오는 모양이다.

왕따 없는 학급 만들기

간혹 스스로 친구를 만들지 않으며 혼자만의 세계의 빠지는 경우도 있으나 대부분의 왕따는 학급 분위기 때문에 '만들어'진다. 인사말을 바꾸거나 밥 짝꿍을 만드는 등 작은 실천을 더하면 적어도 왕따를 방치하게 되지는 않는다.

1. '따돌림 받는 애들은 다 그럴 만한 이유가 있는 거야'라는 생각을 버린다. 어느 날 나도 왕따가 될 수 있다.

2. 학기 초에는 혼자 밥 먹는 아이들이 없도록 '밥 짝꿍' 혹은 '밥 모둠'을 구성한다.

3. 전학생이나 장애 학생 등 왕따 위험군에 속한 아이들에게는 도우미 친구를 두어 행동평가에 반영한다.

4. '왕따의 하루'를 상상하며 가상 일기를 써본다.

5. 따돌림을 모른 척하는 사람도 가해자임을 상기한다.

6. 그 자리에 없는 친구 욕을 하지 않는다.

7. 교실은 사회의 축소판. 마음에 들지 않는 구성원이 있는 것을 매우 당연한 일이라 여긴다.

8. 수업 전후 인사말을 '우리는 서로 사랑합니다' '우리 반은 왕따가 없습니다'로 바꾼다.

9. 친구들의 생일 외우기, 이름에 담긴 뜻 맞추기 등 학급 행사를 만들어 한 사람 한 사람을 구체적으로 알아 가도록 한다.

10. 매주 한 명씩 칠판에 이름을 적어 두고 생각날 때마다 그 친구의 장점과 칭찬할 점을 학급 게시판에 기록한다.

집안일, 공부
그리고 엄마

참 쉬운 청소_여희정

갑자기 집안일과 청소 이야기라니 의아한가요? 여러분에게 청소란 그저 귀찮은 일거리에 지나지 않을 겁니다. 엄마가 하는 걸 가끔 도와 드리는 정도이고, 허락 없이 내 방이나 옷장, 책상을 치우는 엄마에게 짜증을 부리기도 했을 겁니다. 하지만 집안일은 누구에게나 필요한 일입니다. 총책임자는 엄마라 해도 가족구성원 모두가 할 줄 알아야 하는 일이지요. 그럼에도 공부만 잘하면 만사 오케이라는 사회 분위기 때문에 집안에서도 엄마는 종살이를 하고 자녀들은 소파에서 발만 들어 주는 왕 노릇을 하고 있는 건 아닌지 쓸쓸해질 때가 있습니다.

그래서 집안일에 관한 책을 청소년들에게 권하는 것이 매우 의미 있는 일이라고 생각했지요. 처음에는 '애들아, 너희도 집안일 좀 해라' 하는 잔소리를 해주려고 책을 골랐는데 읽다 보니 묘한 연결이 느껴졌습니다. 살림과 공부의 공통점 말이지요. 그래서 책을 읽어 가면서 집안일을 통해 공부에 대해 한번 더 생각해 보게 되었습니다. 집안일이 공부에도 도움이 되겠구나 하면서 흥미있게 읽었습니다.

책을 몇 장 넘기면 머리말과 목차를 지나 청소 스케줄표가 나옵니다. 달력에 매일, 매주, 매달 해야 할 청소 목록을 적어 놓은 건데요. 책상 위의 뽀얀 먼지를 너그럽게 보아 넘기는 저로서는 '무슨 청소를 스케줄까지 짜서 하나' 하는 마음이 생기며 기가 질렸습니다.

매일 할 일

청소, 요리, 설거지, 빨래, 음식물 쓰레기 버리기, 가계부 기록, 스케줄 정리, 수세미 소독, 변좌 소독, 노즐 청소, 밥솥 물받이와 커버 세척, 가습기 사용할 때 소독 건조

매주 할 일

행주 삶기, 도마 소독, 고무장갑 소독, 식단 짜기, 장보기, 냉장고 수납, 쓰레기와 재활용 쓰레기 버리기, 청소기 청소, 음식물 쓰레기통 소독, 주전자와 물병 물때 제거, 욕실 청소(간단 청소, 마지막 주는 대청소), 바닥 물걸레질, 소품 닦기, 베란다와 현관 먼지 제거, 옷장 문 신발장 문 열어서 환기

6개월마다 할 일

방충망 청소 → 침실 → 작은방 → 주방 → 욕실 → 현관 → 베란다
순서로 차근차근 재수납 정리

그런데 찬찬히 살펴보니 문득 제가 학생들과 수도 없이 세웠던 공
부 계획이 떠오르더군요. 저는 학생들에게 매일 해야 할 공부, 주말마
다 점검할 것들, 학기 말에 다시 볼 것들 이렇게 목록을 만들어 달력
에 표시해 두라고 합니다. 그래야 매일 공부 목록을 적기도 편하고 어
느 과목, 어느 단원 하나 빠짐없이 공부를 할 수 있기 때문이지요.

매일 할 공부

학교에서: 등교 후 수업 전 전날 외운 단어 복습, 수업 종 치면 1분
예습, 수업 집중, 내 언어로 필기, 수업 직후 1분 복습, 복습할 교과
서와 노트 가져오기
집에서: 숙제, 배운 부분 문제풀이 복습, 영어 독해, 단어 암기, 수
학 예습문제 풀이, 독서, 가방 챙기기

주말에 할 공부

주중에 밀린 복습, 독서, 주중 외운 단어 쪽지시험

방학 때 할 공부

지난 학기 진도 중 취약 부분 체크하여 다시 공부, 국어 교과서 문학작품 읽기, 수학 예습

공부는 밥 먹는 것과 같아서 하루라도 안 할 수 없으며 몰아서 할 수도 없습니다. 그래서 매일 해야 하는 공부가 있고 매주 점검하고 보충할 공부가 있지요. 불규칙한 공부는 불규칙한 생활에서 비롯되는 것이니 안정된 공부 습관을 잡으려거든 먼저 생활을 바로잡으라고 강조합니다. 공부는 생활과 맞물려 돌아가기 때문이지요. 그러니 우리의 생활을 담당하는 청소, 빨래, 요리와 그 흐름이 같을 수밖에 없습니다. 살림 또한 하루라도 안 할 수 없으며 몰아서 할 수도 없지요.

누구나 다 하는 집안일이지만 저자는 이렇게 계획표까지 만들어 가며 전략적으로 합니다. 그러니 살림의 여왕이라는 극찬을 받으며 누구나 다 하는 집안일로 책도 내고 돈도 벌지요. 공부도 마찬가지 아닐까요. 누구나 하는 공부지만 나에게 맞는 공부 계획을 만들어 가며 전략적으로 임하면 놀라운 성과가 나기 마련입니다.

책 속에는 욕실 물때 닦는 요령, 방 청소하는 순서 등 청소하는 방법에 대한 이야기뿐이지만 박박 문지르는 그 야무진 손끝에서 저는 공부와의 공통점을 많이 느꼈습니다.

공부를 제법 열심히 하는 학생들, 특히 고3이나 재수생들에게는 학교, 집, 독서실에 필통을 따로 마련해 두라고 말합니다. 하루에 두세

번씩 가방을 싸다 보면 필통을 까먹는 경우가 생기기 때문인데요. 그런 날에는 영 집중이 되질 않습니다. 친구에게 펜 한 자루를 빌려 아쉬운 대로 공부를 해보지만 밑줄을 그을 때, 채점을 할 때 평소 쓰던 필기구 생각이 간절해지는 것이죠. 내 손에 익숙한 도구가 없다는 것은 의욕을 떨어뜨립니다. 무언가 적고 싶을 때 손 닿는 곳에 늘 쓰던 펜들이 놓여 있어야 하죠. 그래야 공부의 맥락이 이어지니까요. 이건 수술실의 상황과 같습니다. 수술 전에 필요한 모든 도구를 소독하여 펼쳐 놓고 의사 선생님이 손을 내밀어 뭘 달라고 하면 옆에서 탁탁 쥐어 주잖아요. 그 대상이 사람의 몸이니 더욱 철저하게 집중해야 하는 것일 뿐 공부할 때에도 마찬가지의 긴장과 몰입이 필요합니다. 세상 모든 일이 다 그렇겠죠. 살림의 달인인 저자는 주방 싱크대 청소를 하면서도 이 원리를 이야기합니다.

> ☺ 휴대용 치약과 칫솔을 하나쯤 주방에 수납해 두면 청소하다가 따로 욕실로 가지 않아도 되니 편합니다. 청소하다가 도구 찾느라 이곳저곳 다니다 보면 일의 흐름이 끊겨 시간이 오래 걸리는 법이거든요.

이 내용을 그대로 공부에 적용해 볼까요.

자주 쓰는 필기구를 독서실과 집에 비치해 두면 매번 필통을 챙기

지 않아도 되니 편합니다. 공부하다가 필통 찾느라 여기저기를 뒤지다 보면 공부의 흐름이 끊겨 시간이 오래 걸리는 법이거든요.

신기하게 맞아떨어지죠. 이 부분을 읽으며 저자는 정말 청소를 '잘' 하는 사람이라는 생각이 들었습니다. 무슨 일이든 성과를 내는 사람들은 그 일을 잘할 수 있는 방법을 스스로 터득합니다. 그 즐거움에 또 다른 노력을 이어가고요. 아니나 다를까 싱크대 청소를 다 마친 후에는 이렇게 써 놓았습니다.

> 😊 깨끗해진 싱크대를 보니 마음까지 투명해지는 것 같습니다. 무릇 청소라는 것이 할 때는 힘들지만 이렇게 눈에 보이는 결과물이 나타날 때는 뿌듯한 법이지요.

공부할 때도 그렇습니다.

월등히 오른 성적을 보니 마음까지 꽉 찬 것 같습니다. 무릇 공부라는 것이 할 때는 힘들지만 이렇게 눈에 보이는 결과물이 나타날 때는 뿌듯한 법이지요.

청소와 공부가 이렇게 비슷하다니 놀랍지 않나요? 공부할 시간도 부족한데 청소할 시간이 어디 있느냐고 하겠지만 청소에서도 연구하고 배울 점이 정말 많습니다. 세상 모든 일이 다 같은 이치일 것입니다. 무엇이든 푹 빠져들어 열심히 하다 보면 성과와 보람을 느끼게 됩니다. 공부도 일도 마찬가지입니다.

그리고 자신보다 다른 사람을 위해 노력할 때 우리는 더 큰 의미와 즐거움을 발견하기도 합니다. 집안일은 식구들을 위한 봉사이지 나의 유익을 위한 일이 아닙니다. 타인의 즐거움을 나의 즐거움보다 더 크게 느끼는 경지에 이르지 못하면 즐겁게 할 수가 없지요. 그래서 엄마를 거들어 집안일을 해보면 엄마를 이해하고 식구들을 위해 뭔가를 했다는 뿌듯함도 얻을 수 있습니다.

어린 시절 어머니는 나에게 걸레를 던져 주며 닦을 곳을 지정해 주셨습니다. 청소가 귀찮은 저는 휙휙 대충 닦고 말았지요. 내 눈에는 더러운 게 전혀 보이지 않는데 매일 청소를 하는 어머니가 이해되지 않았습니다. 그래도 어머니는 내 책상, 내 방 청소까지 다 해주셨지요. 그때는 청소하라는 어머니의 잔소리가 싫기도 하고 내 책상 걸레질까지 해주시는 게 죄송스럽기도 했습니다.

"엄마, 내 방은 그냥 둬. 내가 할게."

"네가 언제 하니? 책상에 먼지가 뽀얗게 앉았는데 그 먼지 다 마시면서 공부하는 거잖아."

난장판으로 어질러 놓고 학교에 다녀오면 침대도 책상도 말끔히 정돈되어 있었습니다. 엄마들은 어디서 그런 힘이 나오는 걸까요. 남이 어질러 놓은 것을 치우면 화가 나지 않을까요? 어머니는 걸레질을 하며 잔소리인지 타이름인지 모를 중얼거림으로 이렇게 말씀하시곤 했습니다.

"밖에 나갔다가 집에 돌아오면 집안이 깨끗해야 기분이 좋지. 집에 오면 편안하게 쉬고 먹고 해야 되는데 집이 더러우면 그러고 싶니?"

묘하게도 저자는 책 속에서 우리 어머니와 같은 말을 하고 있습니다.

> 😐 집에 들어오면 대부분의 시간을 거실, 방에서 보냅니다. 집에 들어섰을 때 깨끗한 거실, 방을 보면 안정된 마음으로 하루의 피곤함을 풀 수 있습니다. 그런데 너저분하게 널려 있는 책, 빨래, 쓰레기가 당신을 맞이한다면? 없던 짜증도 생길 수밖에 없습니다.

'살림'은 사람을 살리는 일입니다. 누군가가 그 일을 하고 있기 때문에 우리는 편안히 휴식하고 에너지를 재충전하며 살아갑니다. 그 위대한 일을 보통 엄마들이 하고 있지요. 그 일에 자녀인 청소년들도 적극 동참했으면 좋겠습니다. 나를 비롯해 우리 식구들을 살리는 일이니까요. 특히 청소는 엄마 혼자 감당하기에는 체력 소모가 많은 일입니다.

집안일의 일부를 감당하는 것은 가족구성원으로서 함께 해야 할 일입니다. 책을 읽으면서 '베란다 창틀 먼지 닦고 엄마 사인 받아오기' 같은 숙제를 내주면 어떨까 하는 생각도 잠깐 해보았습니다. 화장실의 곰팡이나 가스레인지의 묵은 때 청소하는 실습을 수행평가로 하면 어떨까요. 엄마의 힘든 일을 거들면서 노고도 느껴 보고 청소법을 공부법에 적용시켜 보면 일석이조의 배움이 따르지 않을까요.

토막 독후감

원고를 쓰는 동안 책 선물을 많이 받았다. 책에 대한 원고를 쓰는 줄 알기라도 하는 듯. 신기하고 행복한 일이다.

알고 지내는 출판사 대표님이 책 세 권을 선물해 주셨다. 명문 고등학교를 소개하는 책과 공부 방법을 알려 주는 책, 그리고 《참 쉬운 청소》다. 앞의 두 권은 학생들 지도할 때 도움이 되었으면 하는 마음으로 주신 것이고 마지막 청소 책은 살림하는 데 유용하게 보라고 주신 거다. 대표님의 예상과 달리 나는 청소년들을 위해 찌든 때 빼는 이야기 가득한 책을 골랐다. 아이들이 엄마들의 수고를 조금이라도 알아주기. 미안한 성적표를 받아 엄마를 슬프게 한 날에는 레인지 후드나 화장실 청소를 말끔히 하여 그 마음을 위로하자.

책을 보는 것만으로도 깨끗하고 개운한 느낌이 들어 청소하고 싶은 마음이 솟아나는 책이다.

책 속의 한 문장

엉망진창인 집 안을 내 손으로 몇 시간 만에 깨끗한 공간으로 만드는 건 정말 신기한 마술입니다.

엄마를 기쁘게 하는 청소 팁

이 책은 전체가 유용한 팁으로 가득하다. 그중 당장 실천해 볼 수 있는 것들을 몇 가지 소개한다. 주말에는 학교에 안 가듯이 엄마에게도 일주일에 하루 정도는 휴일을 주는 게 어떨까. 특히 엄마 생일이나 어버이날, 엄마가 아플 때에는 청소업체에게 맡긴 듯한 집안을 선물해 보자. 그 어떤 선물보다 기뻐하실 것이다.

- 세탁기에 빨래를 넣기 전에 상의 소매는 안으로 말아 넣어서 엉키지 않도록 한다. 지퍼는 잠가야 옷 형태가 변형되지 않으며 바지는 뒤집어야 보풀, 탈색 등으로 옷이 상하지 않는다. 아무렇게나 벗어 던져 놓지 말고 내 옷만이라도 정돈해서 세탁기에 넣도록 하자.

- 침대 매트의 생명은 스프링. 3개월에 한 번씩 좌우를 바꿔 주고 6개월마다 상하를 뒤집어 주면 침대 수명이 훨씬 길어진다. 매트를 옮기는 것은 혼자 하기 힘든 일이니 반드시 엄마를 돕거나 엄마 대신 하도록 하자.

- 장롱이나 소파 밑은 청소기가 깊숙이 들어가지 못해 먼지 제거가 어렵다. 세탁소 옷걸이를 길게 늘여 못 쓰는 스타킹을 씌워 청소하면 스타킹 정전기에 의해 먼지들이 딸려 나온다.

- 스탠드 같은 조명기구의 먼지는 뜨거운 열로 눌어붙기 때문에 제거하기 어렵다. 그럴 땐 우선 휴지를 덮고 분무기로 세제 액을 뿌려 준다. 10~20분이 지나면 휴지에 먼지가 붙어 떠오르는데 휴지를 걷어 내고 부드러운 천으로 닦아 내면 된다. 변기나 가스레인지 등 오염이 심한 부분을 청소할 때도 마찬가지다.

- 욕실이나 주방의 수도꼭지는 매일 여러 번 만지는 부분이라 더러움이 타기 쉽다. 특히 욕실 수도는 탁한 비누 얼룩이 생기기 쉬우니 자주 닦아 주자. 치약을 이용하면 스테인레스가 민망할 정도로 반짝거린다. 작은 수고로 큰 칭찬을 받을 수 있는 포인트!

• 가스레인지 삼발이나 레인지 후드는 기름때가 많이 붙어 있다. 냉장고에 있는 먹다
남은 소주는 훌륭한 세제가 된다. 베이킹소다를 사용해도 좋다. 매끼 식사를 만들
고 차리는 수고를 하는 엄마에게 설거지와 주방 청소까지 미루는 가혹함을 범하지
말자.

자전거를 훔치면
안 되는 이유

그렇게 살라는 데는 다 철학이 있다_이창후

며칠 전 우리 동네에 자전거 도둑이 나타났습니다.

"아니 그렇게 남의 자전거를 가져가면 어떡해! 빨리 제자리에 갖다 놔!"

밖이 소란하기에 얼른 내다보았지요. 자전거 도둑은 잽싸게 사라져 보이지 않고 현장을 구경하던 사람들만 큰일날 뻔한 자전거를 바라보고 있었습니다. 소리를 질러 자전거 도둑 쫓아내기에 큰 역할을 했던 분은 바로 우리 아버지였죠. 아버지 말씀을 들어 보니 사건의 정황은 이랬습니다.

우리 집 옆에는 김치를 냉장 보관하는 창고가 있는데 그곳 직원들이 타고 다니는 자전거를 늘 창고 옆에 세워 둔다는 겁니다. 그런데요 며칠은 타는 사람 없이 자전거가 한 자리에 계속 묶여 있었다고 하네요. 자전거를 묶은 곳은 작은 나무여서 누가 훔치려고 마음만 먹으면 잔가지 몇 개 부러뜨리는 수고로 자전거를 가져갈 수 있는 상태였다고 합니다. 그 앞을 지나다니던 고등학생들이 그 자전거에 눈독을 들인 모양이었습니다. 며칠 눈여겨봤겠죠. 세워 놓은 모양도 그대로이고 주인이 근처에 있는 것 같지 않으니 쉽게 가져갈 수 있으리라 생각했던 모양입니다.

하지만 세상일이, 특히 나쁜 짓이 그리 호락호락하던가요. 자전거에 눈이 먼 녀석들에게는 인적 드문 주택 골목에 아무도 보는 이 없는 것 같았겠지만, 혹시 누가 보더라도 원래 자전거 주인인 양 자연스럽게 연기할 자신도 있었겠지만 자전거 절도의 현장을 목격한 사람은 우리 아버지뿐 아니라 앞집 할아버지도 있었으며 두 목격자 모두 그 자전거 주인이 누구인지 알고 있었죠. 만약 그 아이들이 범죄에 성공하여 훔친 자전거를 끌고 집으로 갔다고 합시다. 부모님이 자전거 어디서 났느냐고 묻는다면 훔쳤다고 할까요, 주웠다고 할까요. 당연히 주웠다고 하겠지요. 거짓말이라는 죄까지 덧붙이는 결과를 낳게 되는 것입니다.

그런데 궁금하지 않나요? 왜 자전거를 훔치면 안 되는지. 왜 도둑질을 하면 안 되는지 말입니다. 책에는 쾌락주의, 공리주의 등 여러 가지 논리들이 나오지만 저에게 가장 설득력 있게 들렸던 부분은 의무주의입니다.

☺ 의무주의의 핵심은 "모든 인간이 그 이유를 묻지 말고 무조건 따라야 하는 규범이 있다" 혹은 "모든 인간이 무조건 해야 하는 행위들이 있다"라는 것입니다. 그리고 군이 "왜 그래야 하느냐?"라고 묻는다면 그 이유는 "우리가 인간이기 때문에"라고 말합니다.

좀 고지식하게 들리나요? 그럼 쉬운 이해를 위해서 자동차와 비교해 보겠습니다. 여기 두 대의 자동차가 있습니다. 한 대는 최고급 스포츠카지요. 빠른 속도를 내기 위해 차체는 납작하게 디자인되었으며 순간 속도를 높이기 위해 적합한 엔진을 장착하고 있습니다. 최고 속도는 400km/h를 넘나들어요. 빠른 주행을 하면서도 흔들리지 않는 승차감을 자랑합니다. 다른 한 대는 육중한 트럭입니다. 아프리카나 호주 등 광산에서 주로 쓰이는 차로 수백 톤의 광물을 실어 나르는 괴물 트럭이죠. 차의 바퀴는 여러분의 키를 훌쩍 넘고 화물칸을 들어 올리면 7층 건물의 높이가 됩니다.

이 두 대의 차 중 여러분에게 하나를 고르라고 한다면 뭘 고를 건가요? 아무래도 잘 빠진 스포츠카를 고르게 될 겁니다. 그렇게 영화에서만 보던 문이 위로 열리는 최고급 스포츠카가 여러분에게 생겼다고 합시다. 어느 날 친구가 와서 차를 빌려 달라고 합니다. 선뜻 차를 내주기는 어렵겠죠. 먼저 왜 빌려 가는지 물어볼 것입니다.

"뭐하려고?"

"우리 집이 공사를 하는데 차가 필요해서. 시멘트랑 철근도 사다 날라야 하고, 공사 폐기물도 운반해야 하거든."

☹ 이때 여러분은 뭐라고 할 겁니까? 저라면 이럴 것 같아요.
　"이 차는 그런 데 쓰는 차가 아니야."

스포츠카는 트럭과 달라서 시멘트를 싣고 공사장을 달려서는 안 됩니다. 고속도로나 자동차 경주용 트랙을 달려야 하죠. 왜냐하면 스포츠카는 바로 그것을 위해 존재하기 때문입니다.

☹ 이와 마찬가지 이유로, 사람들에게는 동물과는 다른 사람이기 때문에 사람으로서 할 일을 해야 한다는 게 의무주의의 생각입니다. 고기 한 점을 더 먹기 위해 수단과 방법을 가리지 않고 싸우는 것은 동물이나 하는 행위이지요.

자, 쉽게 이해가 되었나요? 그러니 도둑질을 하면 안 되는 이유는 그 행위가 사람으로서 할 짓이 아니기 때문입니다. 문이 위로 열리는 최고급 스포츠카에 시멘트와 건축 폐기물을 싣고 비포장길을 달린다고 생각해 보세요. 생각만 해도 미간이 찌뿌려지지요. 여러분이 무언가 잘못을 저지르려 할 때 심장이 두근거리고 양심이 간질간질하다면 그것은 여러분이 사람이라는 증거입니다.

이렇게 사람이 마땅히 해야 할 바를 강조하는 입장이 의무주의입니다. 이 의무론의 대표주자가 바로 임마누엘 칸트입니다. 칸트는 모든 행위의 옳고 그름을 판단하기 위한 기준이 될 만한 최상위의 규범을 하나 제시했습니다. 그것이 바로 정언명법입니다.

> 😐 **정언명법 제1식 _** 당신이 동시에 보편 법칙이 되기를 의욕할 수 있는 준칙에 따라서 행위하라.
>
> **정언명법 제2식 _** 당신과 다른 모든 사람들의 인격에 있어서 인간성을 단순히 수단으로서만 대하지 말고 목적으로서도 대하도록 행위하라.

이제 칸트의 정언명법에 따라 자전거를 훔치면 안 되는 이유에 대해 조금 더 구체적으로 생각해 볼까요?

칸트의 정언명법 제1식에는 '준칙'이라는 말이 나오는데요. 준칙은 사람이 여러 행위들을 할 때 마음속에서 생각하는 원칙이라고 이해하면 됩니다. 즉 모든 사람이 그와 같은 준칙을 따르기를 당신이 원하는가? 원한다면 그 행위가 옳고, 원하지 않는다면 그 행위가 옳지 않다는 것이죠. 여러분은 모든 사람이 자전거를 훔치기를 원하시나요? 어떤 사람이 내 자전거를 훔쳐도 좋은가요? 전혀 그렇지 않죠. 그러니 자전거를 훔치는 행위는 여러분이 보편 법칙이 되기를 의욕할 수 있는 준칙이 아닙니다. 그래서 자전거를 훔치는 행위는 옳지 않다는 거죠.

다음으로 칸트의 정언명법 제2식을 봅시다.

> ☺ 정언명법 제2식은 짧게 말해서 '다른 사람을 수단시하기만 하지
> 말고 목적으로도 예우하라'는 것, 아주 쉬운 말로 하면, 다른 사람
> 을 이용해먹기만 하면 안 된다는 것입니다.

이건 더 쉽네요. 자전거 도둑들은 자전거 주인의 마음을 헤아리지 않고 자신들의 이익을 위한 수단으로만 생각했으니 자전거를 훔치는 행위는 온당치 않겠지요. 같은 맥락에서 힘없는 친구들에게 돈을 빼앗거나 빵셔틀을 시키는 행위도 칸트의 정언명법에 따라 사람이 할 짓이 아니게 됩니다.

논리적이죠? 그날 자전거를 훔치려 했던 고등학생들을 붙잡아 두고 이렇게 명쾌한 윤리학 특강을 들려주었다면 참 좋았을 것을 그랬습니다. 한편으로는 뭐 당연한 얘길 이렇게 복잡하게 하느냐고 갸우뚱하는 마음이 들기도 할 겁니다. 하지만 칸트의 이 정언명법들을 내 행동에 적용해 보면 그 당연한 걸 행동으로 옮기기란 참 쉽지 않다는 걸 깨닫게 됩니다.

집 앞 수퍼에 갔다가 있었던 일입니다. 진공 포장된 순대를 반값 할인 하더군요. 유통기간이 얼마 남지 않은 물건들을 모아서 싸게 팔고

있었습니다. 순대를 사러 간 것은 아니었지만 이런 경우에는 충동구매를 안 할 수가 없습니다. 순대를 장바구니에 담고 계산까지 다 마쳤는데 순대 포장 겉면에 뭔가 지저분한 것이 묻어 있더군요. 그래서 다른 것으로 바꿔 오겠다고 말을 하고는 순대가 있던 진열장으로 갔습니다. 그런데 순대 진열장에는 반값 할인 하는 순대가 더 이상 없었습니다. 유통기간이 충분히 남은 그래서 정상가격으로 판매되는 상품들만 진열되어 있었지요. 저는 제 반값 순대와 새 순대를 바꿨습니다. 그렇다면 계산을 다시 해야겠지요. 순대 진열장에서 계산대로 가는 짧은 거리를 걸으며 제 마음속에는 간사한 갈등이 요동쳤습니다.

'그냥 가도 되지 않나? 계산하는 직원은 반값 순대가 남아 있는지 없는지 모를 거 아냐.'

그러면 안 된다는 걸 알면서도 마음속의 유혹은 매우 그럴듯하고 달콤했습니다. 그러다 곧 칸트의 정언명법이 떠올랐습니다.

'다른 사람들이 모두 나와 같이 행동하기를 바라는가?'

말도 안 되는 일이죠. 모든 사람이 나와 같이 멀쩡한 상품을 할인 상품으로 속여 계산한다면 파는 사람도 사는 사람도 서로를 믿지 못할 것입니다.

'다른 사람을 수단으로만 여기지 말고 목적으로 예우했는가?'

이것도 아닙니다. 내 욕심을 위해 할인 정책을 악용하려고 했으니까요. 순대의 값을 제대로 지불하지 않는 행위는 수퍼 사장님에게 피해를 주는 것임은 물론 수고스럽게 순대를 만드는 사람들을 맥빠지게 하는 짓이고 심지어는 순대의 재료가 되어 준 돼지에게도 미안한 일입니다.

이럴 수가. 순대 하나 사는 데 정언명법까지 떠올리고 나니 더 이상 유치한 갈등을 할 수는 없었습니다. 계산대로 가서 상황을 설명하고 계산을 다시 했지요.

주인이 없어 보이는 자전거를 가져가고 싶은 마음은 인간이라면 누구에게나 있는 욕심일 것입니다. 하지만 나의 행동을 바르게 지도할 기준을 마음에 둔다면 참으로 스스로를 다스리기에 유용하겠지요. 칸트도 그렇게 말했습니다.

> ☺ 생각하면 생각할수록 보면 볼수록 놀라움과 존경으로 나를 채우는
> 두 가지가 있으니 하나는 내 머리 위에서 반짝이는 별을 보여주는
> 하늘이요, 또 하나는 마음속에서 나를 늘 지켜주는 도덕법칙이다
>
> -임마누엘 칸트

이것이 철학의 힘이겠지요. 저자는 생각하는 힘을 키우고 그래서 살아가는 힘을 키우게 만드는 것이 철학이라고 합니다. 저도 깊게 동감합니다.

이제부터는 학교의 윤리 수업을 가볍게 듣지 마세요. 평생을 다 바쳐 사유한 철학자들의 진액이 담겨 있으니까요. 부디 여러분이 철학적 사고에 익숙해지기를 바랍니다.

토막 독후감

시키는 건 더 하기 싫은 청개구리 심보 때문일까. 청소년필독서 같은 책들은 '이 정도는 봐줘야 한다'고 잔소리하는 거 같아서 더 읽기 싫어지곤 했었다. 그래도 가끔 '한번 읽어 볼까?' 하는 마음이 들 때가 있는데 이 책이 바로 그런 경우다. 간행물윤리위원회가 선정한 청소년 권장도서 중 하나. 제목을 보자 어떻게 살아야 할지 문득 궁금해지기도 하고 골치 아픈 철학을 어떻게 풀어 썼을지 호기심이 일어나기도 했다.

칸트니 아리스토텔레스니 자칫 뜬구름 잡다 끝날 수 있는 윤리학을 다양하고 재미있는 사례를 통해 설명하고 있어 이해가 쉽다. 도덕, 윤리 시간에 배운 철학자들의 이야기가 의미 없게 느껴졌다면 꼭 한번 읽어 보길.

느리고 깊은 사고를 견디지 못하는 젊은 세대들. 생각하는 힘을 길러 주는 철학. 우리나라도 프랑스처럼 철학을 필수 과목으로 정하면 어떨까. 이런저런 생각을 하면서 읽은 책이었다.

책 속의 한 문장

알렉산더는 유럽에서부터 시작해 인도 북부까지의 넓은 세상을 정복한 왕입니다. 그런 정복자 알렉산더가 소문으로만 듣던 현자인 디오게네스를 찾아갔지요. 그때 디오게네스는 자신의 오두막에서 햇볕을 쬐며 휴식을 즐기고 있었습니다.

알렉산더가 물었습니다.

"난 천하를 정복한 알렉산더 대왕이다. 디오게네스여! 원하는 게 있으면 무엇이든 말하라. 들어줄 테니까!"

그러자 디오게네스의 대답은 이랬습니다.

"대왕이시여, 저 햇볕을 방해하지 않도록 비켜서 주십시오."

이 말을 들은 알렉산더는 제국의 대왕답게 비켜서 주었다고 합니다. 그리고 나중에는 이렇게 토로했습니다.

"내가 정복자가 되지 않았다면 디오게네스 같은 사람이 되고 싶었을 것이다."

자전거 도난 방지 팁

자전거를 타 본 사람이라면 한 번쯤은 자전거를 잃어버린 경험이 있지요. 자전거가 없어진 후의 허무함이란 이루 말할 수 없습니다. '분명 여기 있었는데' 하염없이 자전 거가 있던 자리만 바라보게 되지요. 지나가다 비슷한 자전거가 보이면 신경이 바짝 곤두서기도 하고요. 훔쳐 가는 사람도 문제지만 훔치고 싶은 마음이 들도록 허술하 게 관리한 잘못도 있습니다. 자전거 도난 방지를 위한 몇 가지 노하우를 소개할게요.

• 체인을 앞바퀴에만 묶어 두지 마세요. 자전거 앞바퀴는 분리하기가 쉬워서 몸체와 뒷바퀴를 덜렁 들고 가는 경우가 많다고 합니다. 자전거마다 구조가 다르기는 하겠 지만 전문가들은 5초면 앞바퀴 분리가 가능하답니다. 자전거 몸체에 자물쇠를 채우 도록 하세요. 체인을 두 개씩 묶는 것도 좋은 방법입니다.

• 자전거에서 쉽게 뗄 수 있는 부착물은 떼어서 보관하세요. 자전거뿐 아니라 자전거 에 부착하는 컵 홀더나 휴대전화 거치대 등은 자전거에 달아 둔 채로 보관하면 도 난당하기 쉽다고 합니다.

• 한 곳에 자전거를 오래 세워 두면 안 됩니다. 자전거 탈 일이 없더라도 이따금씩 자 전거를 살펴보고 다른 모양으로 다시 세워 두세요.

• 저렴한 비용 때문에 가장 많이 사용하는 번호 자물쇠는 절단기로 쉽게 자를 수 있 다고 합니다. 무겁더라도 고강도 체인이나 U자형, 4관절같이 튼튼한 잠금장치를 사 용하세요.

• 자전거 애호가들은 '눈에 보이지 않으면 내 것이 아니다'는 마음가짐을 가져야 한다 고 말합니다. 눈에 띄는 곳에 보관하고 가능하면 실내 보관하는 것이 좋습니다. 그 것도 어렵다면 CCTV 잘 보이는 곳을 선택하세요.

손해 보는
연습

양치기 리더십_케빈 리먼·윌리엄 펜택

지난해 연초였습니다. 대형마트 문화센터에 강의를 하러 갔다가 '새 학기 반장 선거 대비 강좌'라는 것을 보았습니다. 어린이 리더십 함양을 위한 수업이라더군요. 참 별별 것을 다 배우러 다닌다는 생각이 들었습니다. 하긴 문화센터 강좌는 그나마 양호한 수준이고 전문 스피치 학원에서 반장 선거용 연설 기법을 배우기도 한답니다.

초등학교 때 반장 한번 못해 보면 또 언제 해보겠습니까. 반장 선거는 빼놓더라도 사람들 앞에서 조리 있게 말을 잘하는 것은 어른들에게도 쉽지 않은 일이니 겸사겸사 스피치 학원에 보내는 부모의 마음을 모르는 바도 아닙니다. 하지만 마음에 걸리는 것은 '반장'이라는 역할을 한 학년 기죽지 않고 지내기 위한 수단으로 여기거나, 남들 앞에서 말 잘하고 대장 노릇하는 것이 리더십이라 여기는 풍조입니다. 리더의 역할이 무엇인지 리더십이 얼마나 막중한 책임감을 의미하는지 안다면 너도나도 반장이 되겠다고 아우성을 치지는 못할 텐데요.

양치기가 양을 이끄는 원리에 따라 리더십을 설명하고 있는 이 책은 양치기가 때로는 양을 공격하는 맹수들 앞에 서야 한다는 것을 설명합니다.

☺ "양치기들은 때때로 물매와 돌멩이를 들고 다니기도 하지. 하지만 물매로 돌을 던져도 짐승들이 도망치지 않으면 양치기가 양떼를 지킬 수 있는 무기는 셰베트♥밖에 없어. 내 분명히 말하지만, 테드, 참나무 밑에서 뿌리를 잘라내 이 회초리를 만들 때 양치기는 자신이 최후의 수단으로 사용할 무기를 만들고 있다는 걸 분명히 알고 있었을 걸세."

"하지만 너무 위험한 일 아닌가요?"

"그래. 무서운 일이기도 하지. 하지만 훌륭한 양치기는 양들을 지키기 위해 육식동물 앞을 막아선다네."

누군가 "난 양 백 마리를 치는 사람이요"라고 한다면 그 말 속에는

♥ 양치기와 전사들이 사용하는 물건. 길이는 약 46cm 모양은 곤봉과 비슷하며 한쪽 끝에 커다란 혹(구근이나 뿌리에 생긴 커다란 옹이) 같은 것이 무겁게 달려 있어 무기의 기능을 한다. 팔을 휘둘러 셰베트를 던지면 놀라울 만큼 멀리 날아가며 능숙한 목동은 들판 건너편의 목표물에 정확하게 던질 수 있다.

그 양을 이끌기 위해 위험을 감수하고 헌신하는 노력이 포함되어 있습니다. 그때 또 다른 사람이 "난 양 천 마리를 이끌고 있소"라고 한다면 어떨까요. 천 마리 양치기가 더 위대해 보일 겁니다. 양 천 마리를 보살피기 위한 수고가 더 크기 때문입니다. 단지 열 배의 재산적 가치 때문만은 아니죠.

양치기가 양을 지키기 위해 맹수 앞에 서야 한다는 것은 직장 상사라면 부하직원을 대신해서 다른 사람의 공격을 받을 수도 있다는 의미입니다. 그것이 리더의 당연한 역할이니까요. 학급반장이라도 예외는 아닙니다. 우리 반을 대표한다면, '내가 우리 반 반장이다'라고 우쭐대고 싶다면, 우리 반 친구들, 때로는 선생님까지 보호하고 지키기 위해 맹수 앞에 설 수 있어야 합니다. 우리 반 친구들을 대신해서 비난을 받을 때도 있고 누구도 하기 싫어하는 일을 혼자 해야 할 때도 있는 거죠. 자존심을 버리고 불편함을 감수하는 리더 노릇을 묵묵히 해내야 합니다.

☺ "지도자 노릇을 하려면 지도자가 많은 대가를 치러야 한다네."

"무슨 대가요?"

"시간, 헌신, 개인적인 에너지. 자네 자신을 바쳐야 한다는 뜻이야. 양치기의 원칙은 양떼의 가치를 중요하게 생각하는 지도자의 생활 방식이야. 길을 잘못 든 직원을 구해 줄 때 자네 자신을 바쳐야 하고, 회초리를 휘둘러 직원에게 고통을 줄 때는 감정적인 대가를 치러야 하지. 별로 하고 싶지 않은 일들도 해야 해. 위대한 지도자 노릇을 잘해내는 사람들은 기꺼이 대가를 치를 각오가 되어 있기 때문에 해낼 수 있는 걸세."

청소년들 중에도 이러한 리더십의 본질을 훌륭히 수행하는 녀석들이 있지요. 생각만 해도 흐뭇합니다.

주영이는 초등학교 3학년부터 고등학교 3학년까지 한 번도 거르지 않고 반장을 했습니다. 중학교 때는 합창대회 준비를 위해 학원 수업을 좀 빠지더라도 방과 후에 남아서 연습을 하자고 아이들을 설득했지요. 부모님들께 협조를 구하는 메시지를 보내고 심지어 학원 선생님들의 휴대전화 번호를 모아 양해 메시지를 보내기도 했습니다. 귀찮고 번거로운, 때로는 싫은 소리까지 들어야 하는 일이었지만 그런 주영이의 노력 덕분에 주영이가 반장을 맡은 반은 합창대회에서 매년 최고 성적을 냈습니다. 선생님들 사이에서는 담임 생활 편하게 하려면 주영이를 잡아야 한다는 농담이 오갈 정도였죠. 고등학교 때는 싸움 구경을 하던 친구가 사건에 휘말려 정학 위기에 처하자 교무실로 찾아가 친구를 변호하기도 했습니다. '구경만 한 아이를 싸움한 아이와 똑같이 징계하는 것은 부당하다. 나도 옆에 함께 있었으니 이 친구가 정학을 당한다면 나도 정학당해야 한다. 이 친구는 싸움을 하지 않았다. 내가 증인이다' 하며 선생님들을 막아섰습니다. 결국 그 친구는 학교 청소 봉사를 하는 가벼운 벌을 받았습니다.

수완이는 전교 1등입니다. 전교 1등은 늘 하는 것이고 모의고사 성적표를 받으면 전국 등수가 몇 등인지 신경 쓸 정도로 성적이 뛰어납니다. 친구들은 수완이에 대한 신뢰가 매우 큰데 그 이유는 수완이가 친구들이 모르는 내용을 매우 성실히 알려 주기 때문입니다. 수완이는 야간 자습 시간마다 교탁에 서서 공부를 합니다. 반장으로서 아이들 관리 감독을 해야 하기도 하지만 모르는 것을 질문하러 오는 친구들의 편의를 위해서이기도 합니다. 누구나 기피하는 고3 반장도 수완이는 웃으며 임명장을 받았고 수능 직전까지 교탁 앞에서 자습하며 친구들의 공부를 도왔습니다. 수완이를 인터뷰했던 EBS 담당자가 '계속 서서 공부하면 힘들지 않느냐, 친구들 공부 봐주느라 자신의 공부는 못 하지 않느냐'고 묻자, 서서 공부하면 졸리지도 않고 좋다고 대답합니다. 다 아는 내용이라도 친구들에게 설명하다 보면 다시 정리가 되고 더 정확히 알게 되어 자신의 공부에 더 많은 도움이 된다고 하네요.

5학년 덕후는 다섯 살 동생이 있습니다. 어디든 형을 따라가고 싶어 하는 동생을 귀찮아하지 않고 데리고 다닙니다. 자전거를 탈 때는 작은 자전거로 뒤쫓아 오는 동생을 위해 친구들과 한참 떨어져서 가고 축구를 할 때는 동생을 골키퍼 깍두기로 세워 둡니다. 수영장에 갈 때는 동생 옷을 갈아입히고 씻기느라 음료수 사 먹을 시간을 포기해야 하지요.

주영이와 수완이는 한 학급의 리더이고 덕후는 동생의 리더입니다. 어린 시절에 이렇게 리더십을 훈련받은 사람이라면 성인이 되어서도 사회에 나가 훌륭한 지도력을 보일 것입니다. 세월이 지날수록 더 많은 사람들이 이들을 따를 것이고 더 위대한 지도자가 되겠지요. 반대로 스피치 학원에서 배운 말솜씨로 반장이 된 누군가는 생활기록부에 한 줄 남기는 것으로 끝납니다. 리더십을 훈련받을 절호의 기회를 그냥 흘려보내는 거죠.

☺ "잘 듣게. 지도자로서 성공하려면 자네는 양치기가 양을 대하듯이 직원들과 관계를 맺어야 하네. 테드, 자네가 아홉 명의 직원과 잘 지내지 못한다면, 더 많은 사람들을 감독해야 하는 자리로 승진할 수 없을 거야."

간혹 귀찮아서 반장 하기 싫다는 녀석들을 만납니다. 학교 행사 있을 때마다 남아야 하고, 돈 쓸 일 많고, 선생님들 심부름해야 하는 게 싫다는 거죠. 그런 아이들을 볼 때마다 기가 막힙니다. 저렇게 좁아터진 마음으로 어떻게 큰 꿈을 이룰까 싶어서요.

리더는 겸손한 사람, 손해를 감수하는 사람입니다. 그러니 지금 내가 맡은 조장, 반장, 형(누나, 오빠 언니) 등 모든 리더의 역할은 섬기는 연습, 손해보는 연습이어야 하죠. CEO, UN사무총장, 교사, 대통령, 축구대표팀 감독, 부모, 방송PD. 어떤 형태로든 여러분이 존경받는 리더가 되고 싶다면 열공해서 실력을 쌓음과 동시에 나를 내어주는 리더의 역할을 연습하세요. 나보다 남을 먼저 생각하고 배려한다면 사람들은 자연스럽게 여러분을 따를 것입니다. 그 리더십이 여러분을 성공으로 이끌어 줄 것입니다.

☺ "부하들에게서 충성과 신뢰를 돌려받고 싶다면 자네가 먼저 부하들에게 충성과 신뢰를 투자해야 하네. 그래서 돌려받는다고 표현하는 거야. 자네가 부하들을 건성으로 이끌면 부하들도 자네를 건성으로 따를걸세. 하지만 자네가 부하들에게 자네 자신을 투자하면, 부하들을 진심으로 생각한다면, 부하들은 진심으로 자네를 따름으로써 자네의 투자에 대한 수익을 돌려줄걸세."

토막 독후감

얇고 가볍고 쉬운 책을 읽고 싶었다. 이런저런 생각에 머리가 복잡하기도 했고 어머니 정기 검진을 위해 병원에 가야 해서 검사하는 동안 복도에 앉아 들여다볼 책이 필요하기도 했다. 책장을 둘러보다 '그래 이 책이 있었지!' 번뜩 반가움이 밀려왔던 책. 내가 다니는 교회 목사님이 추천해 주신 책인데 단체 구매를 한다기에 그 사이에 끼어서 샀던 책이다. 책을 받고는 읽지 않고 책장에 꽂아 두었다가 게으름과 무관심으로 세월을 보냈던 거다. 얇고 가볍고 쉬운 책이지만 그 속의 보석 같은 지혜는 두툼하고 묵직하며 깊다.

우화 형식을 빌린 전형적인 미국식 자기계발서. 뻔한 형식이면 어떤가. 한 줄이라도 읽고 깨닫고 배우는 것이 있다면 나에게는 진정 훌륭한 책이다.

책 속의 한 문장

위대한 지도력은 기교가 아니라 생활 자체에 의해 결정된다.

반장 하면 좋은 점

리더의 진정한 역할을 강조하기 위해 헌신과 배려에 초점을 두었을 뿐 반장이 늘 수고스럽고 힘들기만 한 것은 아니다. 반장을 하면 뭐가 좋을까. 매년 반장을 하는 아이들은 왜 그렇게 계속 반장을 하고 싶어 하는 것일까. 반장하면 좋은 점을 알아보자.

• 선생님과 친해질 수 있다. 담임선생님뿐 아니라 우리 반에 들어오시는 모든 과목 선생님들이 내 얼굴을 안다. 크고 작은 학급 일을 도우며 선생님과 개별적인 친분을 쌓을 기회도 많아지는데, 선생님이라는 '친구'는 아무나 가질 수 없는 인맥이다.

• 공부를 더 열심히 하게 된다. 반장이라는 책임감은 자기관리에서 채찍질이 된다. 정규 수업은 물론 방과 후 수업이나 토요 프로그램에도 지각, 결석을 할 수 없게 하며 시험 기간 등 학사 일정을 아이들에게 공지해야 하는 입장이니 학교생활도 성실히 임하게 된다. 아무도 없는 곳에서 나 혼자 공부하는 것보다 학교라는 울타리 안에서 반장의 역할을 맡고 있는 것이 훨씬 많은 성과를 낸다.

• 교외 행사, 간부 수련회 등 식견을 넓힐 기회가 많다. 시도교육청이나 시군구청 단위의 행사는 학교별 대표 학생이 참석하게 된다. 특별한 분야의 재능을 필요로 하는 경우가 아니라면 학급 임원이나 학생회 임원이 참석하게 되는데, 학교 안에서 맴돌던 일상에서 다른 학교, 다른 지역의 학생들과 어울린다는 것은 생각의 틀을 자라게 하는 계기가 된다.

• 의사소통능력이 향상된다. 반장은 아이들과 선생님 중간에 끼인 존재다. 선생님의 전달사항을 대신 전달하기도 하고 아이들의 의견을 수렴해 선생님께 보고하기도 한다. 내 생각을 말해야 할 때도 있고 교실에서 있었던 일을 요약하는 경우도 있으며 때로는 주임선생님이나 교장/교감선생님을 만나야 할 때도 있다. 다양한 상황에서 다양한 사람들과 이야기를 나누다 보면 말은 언변보다 소통이라는 것을 알게 되고, 그 지혜로 의사소통능력이 점차 향상된다. 어린 시절 이런 경험을 갖는다는 것은 매우 특별한 혜택이다.

• 그밖에 자잘한 특권들이 많다. 자습시간에 떠드는 사람 이름을 적는 재미도 쏠쏠하며 어디 놀러 가서는 친구들 모두 줄 맞춰 앉아 있는데 출석 체크를 한다는 이유로 혼자서만 돌아다니는 것도 반장이니까 가능하다. 선생님이 남는 문제집이라며 한 권씩 주시기도 하고 단체 구매를 위해 문구점이나 제과점에 가면 서비스로 한두 개씩 더 받아 오기도 하는데 그것도 반장 몫이다. 반장은 청소 당번을 빼주기도 하며 공로상이나 특별상 등 상은 줘야 하는데 받을 사람이 마땅치 않을 때 상당수의 담임선생님은 평소 수고가 많은 반장을 선택한다.

4

행복은 어디에 있을까?

나는 누구일까요?
나는 전 세계 모든 사람이 갖고 싶어 하는 아주 소중하고
귀한 것입니다. 나는 어디에나 있지만 누구나 찾을 수 있는
것은 아니거든요. 종종 예상치 못한 상황에서 발견되기도
하고요. 하지만 계속 찾다 보면 더 잘 찾게 된답니다.
돈으로 나를 살 수 없으니 부자들도 나를 얻지 못해 발을
동동 구르지요. 나는 저장해 둘 수 없기 때문에 그 순간
누려야 합니다. 다른 사람의 것을 훔쳐올 수는 없지만 내
것을 다른 사람에게 전해줄 수는 있습니다. 자연스럽게
전달되기도 하지요. 아주 작은 것으로도 큰 힘을 발휘하기
때문에 크기는 중요하지 않습니다. 나는 한 줄기 햇살
속에도 숨어 있고, 시원한 물 한 잔에도 있으며, 엄마의
목소리에도 있습니다. 나는 누구일까요?

정답: 행복

목숨을 버린 것처럼 살지 말 것

미안해, 스이카_하야시 미키

청소년들을 만나면서 가장 힘 빠질 때가 언제냐고 물으면 난 주저하지 않고 '아이들의 얼굴에 인생 다 산 사람의 표정이 보일 때요'라고 답합니다. 해마다 치르는 일이지만 할 때마다 다시는 하고 싶지 않은 일이 입시 상담입니다. 입시 상담을 하는 아이들 얼굴에는 인생 다 산 사람의 표정이 보이기 때문이지요. 지난 연말에도 어김없이 고3 아이를 만났습니다. 중학교 때부터 함께 공부를 해온 녀석이었습니다. 천성이 밝고 누굴 만나도 인사를 잘하는 해린은 어딜 가나 칭찬을 받았지요. 초등학교 때부터 반장을 한 번도 놓친 적이 없었고 선생님에게나 친구들에게나 인정을 받으며 학창시절을 보냈습니다. 이제 그 마지막 문턱을 넘는 순간 아쉽게도 수능에서 기대에 못 미치는 성적을 받았습니다. 점수에 따라 결정된 학교가 마음에 들지 않는지 해린이는 그런 학교 다니기 싫다며 고집을 부렸습니다.

"재수할 거예요."

부모님과 제가 설득을 해보았지만 해린이는 마음을 닫아 버렸습니다.

"재수는 나중에 생각하자. 우선은 쓸 수 있는 학교에 다 써 봐야 하는 거잖아. 괜히 자존심 때문에 그럴 거 없어."

"아 싫어요. 전 한 번도 그런 학교 생각해 본 적 없어요."

"지금은 학교 이름이 중요해 보이겠지만 지나고 보면 아무것도 아니야. 어디든 가서 열심히 하면 돼."

"안 간다니까요."

해린이를 알고 지낸 이후로 한 번도 본 적 없었던 무례함이었습니다. 저는 해린이가 더 상처를 받을까 싶어 그동안 참아 왔던 이야기를 꺼냈습니다.

"재수를 한다고 뭐가 달라지겠니? 너 그동안 모의고사 보면서 지금보다 더 좋은 성적 나왔던 적 없었어."

"그럼 안 갈래요."

항상 친구들의 부러움을 받으면서 커 왔던 해린이는 그 친구들보다 못한 대학에 간다는 사실을 견디지 못했습니다.

"왜 이렇게 도망가려고만 해, 비겁하게. 너답지 않아."

"저 원래 비겁한 애였어요."

속이 상한 어머니가 자리를 비우자 해린이는 엄마 앞에서의 센 척을 내려놓는 듯 한숨을 뱉었습니다.

"아, 그냥 죽어 버렸으면 좋겠어요."

그 순간 정말 해린이가 말처럼 죽어 버린다면 어떨까요. 영혼이 되어 무기력하게 늘어진 자신의 몸뚱이를 본다면, 짐승처럼 울부짖는 부모님의 모습을 본다면 어떨까요. 처음에는 신기하겠지요. 공부 좀 한다고 날 무시하던 친구들이 미안해하는 모습을 보며 통쾌하기도 할 겁니다. 하지만 곧 남은 가족들에 대한 미안함과 다 살지 못한 인생에 대한 아쉬움이 밀려올 겁니다. 슬픔에서 헤어나오지 못하는 부모님을 꼭 안아 주고 싶어질 것이며, 대학생이 되어 미팅을 하고 배낭여행도 가고 싶어질 것입니다. 미안함과 아쉬움은 후회가 되지요. 얼마 지나지 않아 간절히, 아주 간절히 살고 싶어질 것입니다. 살아 있다는 건 그 자체로 특권이니까요.

왕따 문제로 힘들어하다 교실 창문 밖으로 몸은 던진 소설의 주인공 스이카는 이렇게 말합니다.

😐 너도 알잖아. 삶이 항상 신나고 재미있지만은 않다는 걸. 때때로 살아 있는 게 너무 쓸쓸하고 외롭고 괴로울 때가 있다는 걸. (……) 하지만 말이야. 어떤 상황과 마주치더라도 꼭 기억해야 할 게 있어. 절대로 자신의 목숨을 버리지 말 것! (……) '나 살아 있어도 아무 의미 없는 존재인 걸. 아무도 날 필요로 하지 않아!' 아니

그건 거짓말이야. 모든 사람은 누군가를 사랑하고 사랑받기 위해 태어난 걸. 나는 이 사실을 너무 아프게 깨달았어. 그러니까 너는 너만은 잊지 말아 줘. 절대로 자신의 목숨을 버리지 말 것.

여기까지 읽었을 때만 해도 그런가 보다 했습니다. 적어도 저는 확 죽어 버렸으면 좋겠다는 생각은 해본 적이 없었으니까요. 그런데 그 다음 한 문장을 읽고는 책장을 넘기려고 준비 중이던 손가락이 멈추고 말았습니다.

☺ 목숨을 버린 것처럼 살지 말 것.

밑줄을 그어 놓고 멍하니 생각에 빠졌습니다. 꼭 죽어야 죽는 것은 아니지요. 어떻게든 되겠지 나 몰라라 보냈던 시간들. 바쁘고 귀찮을 때면 대충대충 해치웠던 일들. 지금도 목숨을 버린 것처럼 살다가 깜짝 놀란 건 아닌지 자신에게 물어보았습니다. 희망도 없이 열정도 없이 표정도 없이 산다면 그게 목숨을 버린 것처럼 사는 거 아닐까요. 사실 삶이란 별거 아닙니다. 매 순간 사사로운 것에 감탄하며 살면 그만이지요. 하지만 목숨을 버린 것처럼 사는 사람들은 누구에게나 찾아오는 이 순간의 아름다움을 그냥 흘려보내고 맙니다.

☺ 가끔 그럴 때 있잖아 (……) 너무 편안하고 즐거워서 마음속이 꽉

찬 것 같은 기분이 들 때. 짧지만 정말 완벽하다고 느껴지는 순간
들이 있잖아.

이런 순간은 돈이 많이 드는 순간도 아니고 잘생긴 사람에게만 찾
아오는 순간도 아닙니다. 잠들기 전 이불 냄새를 맡으며 얼굴을 비빌
때, 자전거를 타며 온몸으로 시원한 바람을 맞을 때, 늦은 밤 컵라면
에 물을 부어 놓고 혼자만의 기다림을 즐길 때. 행복이란 이런 순간들
에 느껴지는 것 그 이상도 이하도 아닙니다. 그런 행복을 모으고 모은
결론이 삶이고 인생인 거죠. 다른 것들은 대개 욕심에서 비롯된 것들
이며 우리에게 부담을 지웁니다. 순간순간 작은 행복들을 누리면 그
만인 걸 세상은 계획이니 전략이니 멋있는 말들로 사람들을 현혹해
서 지금 이 순간 대신 언제일지도 모를 미래의 어느 순간을 위해 살도
록 몰아붙입니다. 그날을 위해 성적이 필요하고 돈이 필요하다는 것
이죠. 쌓여 가는 피로와 스트레스는 남들보다 더 많이 가졌다는 상대
적인 우월감으로 달래라고 합니다. 이렇게 내몰린 사람들은 목숨을
버린 것처럼 영혼 없는 일상을 살아갑니다. 건조하고 재미없고 때로
는 난폭하게 타인을 짓밟으며 성취감을 느끼면서 말이죠.

소설의 주인공 스이카를 자살까지 이르게 한 건 '왕따게임'이었습
니다. 말 그대로 게임입니다. 누구 하나를 정해 놓고 마치 그 아이가
없다는 듯 반 전체가 무시하는 것이죠. 폭언과 구타도 마다하지 않았
습니다. 왜 그 아이가 왕따가 되어야 하는지 이유 같은 건 없습니다.

그냥 그런 게임이니까요. 왕따게임의 주동자는 요우꼬 패거리들입니다. 반 아이들은 이들의 선동에 모른 척 따라가는 것이지요.

🙂 모두들 집단 속에 숨어서 평소에는 하지 못할 일들을 하고 있다.

왜 이 아이들의 가슴이 이토록 잔인해졌을까요. 이들도 목숨을 버린 것처럼 살고 있기 때문 아닐까요. 무엇이 잘못된 것인지, 상대방의 마음은 어떨지, 내가 지금 무슨 짓을 하고 있는지, 어떤 판단도 양심도 없이 말이지요.

🙂 요즘 세상에서 가장 필요한 건 자신만의 생각이 아닐까. 그리고 남에게 휩쓸리지 않는 강한 마음도.

남들 다 그렇게 한다고 해서 왕따게임에 합류해 버리는 스이카네 반 아이들은 물론 원하는 대학에 갈 수 없다고 해서 목숨을 버린 것처럼 살고 있는 해린이에게도 나를 지키는 강한 마음이 필요합니다. 남들 눈 의식하는 그깟 자존심 시원하게 걷어 내고 나면 숨 죽여 웅크리고 있는 내가 보이겠지요. 그동안 마음 졸이며 공부해 왔던 나 말입니다. 수고했다고 토닥여 주길 기다리는 나 말이지요.

사실 저는 해린이가 왜 그 학교에 가기 싫어하는지 알고 있습니다. 해린이가 매우 싫어하던 선배가 작년에 그 학교에 갔기 때문이지요.

그때 해린이는 그런 학교 쪽팔려서 어떻게 다니냐며 비아냥거렸었습니다.

😐 내가 남에게 했던 것은 결국 되돌아오는 거구나.

결국 해린이의 좌절을 키운 것은 자기 자신이었던 셈입니다.

😐 나는 엄청난 착각을 하고 있었다. 등교거부나 우는 것 엄마에게 진실을 털어놓는 것 모두 지는 거라고 생각했다. 지긴 싫다고 생각했다. 창피하게 사느니 차라리 용감하게 죽는 게 낫다고 생각했다. 하지만 그건 용감한 게 아니었다. 그게 바로 도망치는 거였다. 그동안 나는 혼자만의 고집 속에 빠져 있었던 거다.

그토록 무시했던 대학에 다니느니 쿨하게 재수하는 게 용감한 걸까요? 선배를 미워하는 마음, 그렇게 만들어진 고집 속에 빠져 재수 학원으로 도망치는 것밖에 되지 않습니다. 해린이를 포함해 우리는 모두 스스로 자기 안에 쳐 놓은 담들을 치워 버려야 합니다. 고집, 질투, 복수하고 싶은 마음, 무시하는 마음 같은 담들 말이지요. 스스로에게 솔직해져야만 가능한 일입니다. 쉽지 않아요. 스이카가 그랬듯 진다는 느낌이 드니까요. 이때는 눈물이 필요합니다. 욕심껏 먹다가 속이 꽉 막혀 답답할 때 시원한 물 한잔이 필요하듯 말이지요. 할 수만 있다면 엉엉 소리를 내어 울었으면 좋겠습니다.

😊 이것이 바로 '운다'는 것이다. 콧속은 맹맹하지만 마음속 깊은 곳은 시원해지고 가벼워지는 것. 바로 이것이 '운다'는 것이리라.

솔직하게 나를 마주 대하다 보면 나를 말갛게 씻겨 주는 눈물이 나게 마련입니다. 서럽기도 하고 불쌍하기도 하고 억울하기도 하고 아무 이유 없이 그냥 눈물이 나기도 합니다. 그럼 울어야지요. 나를 옭아매고 있던 담들을 치우고 나면 말갛게 예쁜 원래의 내가 보일 겁니다. 그렇게 예쁜 나로 지금 이 순간을 살아가면 됩니다. 과거에 묶일 필요도 없고 미래를 걱정할 필요도 없어요. 지금 손에 든 이 책의 사각거림이 좋고, 마음에 드는 구절을 만나 밑줄 긋는 감동이 있으면 그만이지요. 아름다운 순간이 지나고 나면 또 그 다음 순간의 아름다움을 발견하면 됩니다. 행복은 이렇게 누리는 만큼 커지는 것이니까요. 코끝에 숨이 붙어 있는 날 동안 우리가 누릴 특권은 순간의 아름다움 속에 사는 것입니다. 명심하세요.

😊 자신으로부터, 주위로부터 도망치지 마세요. 살다 보면 반드시 좋은 일이 생깁니다. 그것만큼은 자신 있게 말할 수 있습니다.

토막 독후감

이 책은 도서관 특강을 위해 마산에 갔을 때 도서관 담당자인 송선생님이 추천하신 책이다. "우리 딸이 이 책을 읽더라고요. 친구가 이 책 좋다고 읽어 보라고 하더래요. 다 읽고는 엄마도 읽어 보라고 하길래 한번 봐야지 생각만 하고 미뤘지요. 그러다 여름 휴가 때 읽었어요. 파라솔 밑에 앉아서 보다가 펑펑 울었어요. 내 마음이 다 치유가 되더라고요."
이 얘길 듣고 나도 안 읽을 수가 없었다. 좋은 책은 이렇게 돌고 돌아 감동을 전한다.

책 속의 한 문장

"힘 내!"
"응? 뭘?"
"스이카, 그냥 힘 내는 거야."

죽음 미리 체험해 보기 연습

아이러니하게도 죽음을 진지하게 생각하다 보면 삶의 소중함을 느끼게 된다. 이런 취지로 한 교회에서 죽음을 경험해 보는 프로그램을 마련했는데, 참여자는 유서를 쓰고 수의를 입고 관에 들어가 눕는다. 관 속에 있는 동안 장례 예배가 치러진다. 고인의 삶을 이야기하고 유서의 내용을 읽는 시간이 지나면 관에서 나와 천국의 삶으로 다시 살게 되는데 관 속에 있는 20분 정도의 시간 동안 참여자들은 눈물 콧물이 뒤범벅이 될 만큼 많이 운다고 한다. 진짜 죽음이 찾아올 것 같아 무섭기도 하고 내 삶이 얼마나 큰 축복인지 알게 되었다고. 진심으로 잘살고 싶은 마음이 생겼노라고 한다.

문득 죽음이 떠오를 만큼 견디기 힘들 때면 진지하게 죽음을 생각해 보자. 유서를 써 보고 지금까지의 내 삶을 떠올려 보고 내가 죽은 후 남겨진 사람들의 일상을 상상해 보자. 그러면 곧 소설의 주인공이 너무 늦게 깨달아 버린 한 가지 결론에 도달하게 될 것이다.

'다시 한 번 살고 싶어.'

'이대로 죽기는 싫어.'

멋 부리는
즐거움

나는 내 것이 아름답다_최순우

'십대들의 멋'이라 하면 얼른 석우가 떠오릅니다. 석우 어머니는 석우의 멋 부리기에 한숨을 쉬었지요. 한번 외출하려면 준비하는 시간이 얼마나 많이 걸리는지 웬만한 여자아이들은 비교도 안 된다면서요.

☺ "머리며 옷이며 계속 만지작거리려요. 내가 보기엔 똑같은데 대충 좀 하지. 그 시간 반만 내서 공부하면 얼마나 좋겠어요."

석우를 처음 본 순간 석우가 뭘 그렇게 만지작거리는지 한 번에 알수 있었습니다. 또 멋 부리느라 공부에 소홀하다는 석우 어머니의 걱정도 괜한 것이라는 걸 알았지요.

석우의 멋은 여느 십대들처럼 교복을 줄여 입거나 연예인 머리 모양을 따라 하는 것과는 달랐습니다. 우선 머리카락은 학교 규정에 따라 짧은 길이였고 염색이나 펌은 하지 않았습니다. 그 상태에서 멋을 낼 수 있는 건 앞머리뿐인데 눈썹 아래로 앞머리가 내려와서는 안 된다는 규정에 따르기 위해 앞머리를 가지런히 내려 눈썹의 길이에 맞추어 잘랐습니다. 드라이기와 고데기를 기술적으로 사용해서 살짝 말린 앞머리는 한 올도 흐트러지지 않고 눈썹 위에 줄을 맞추었지요. 진한 테의 안경은 완전히 동그란 모양이어서 헤리포터 같은 귀여움을 주었고요. 상의는 옅은색 청남방에 V넥 조끼, 검정색 재킷. 하의는 진한색 청바지였는데 새 바지인 듯 반듯했습니다. 신발은 고동색 스니커즈. 누구나 그 모습을 보았다면 그 단정한 멋에 미소가 번졌을 것입니다. 인사를 하고 앉은 석우를 가까이 보니 감탄할 게 아직 더 있네요. 얼굴에는 여드름을 가리려는 듯 비비크림을 발랐고 동그란 안경에는 알이 없습니다. 그리고 손목에는 석우의 즐거움이자 소중한 보물인 듯한 시계가 있었습니다.

"그 시계 어디서 샀니?"

"문구점에서요."

"시간은 맞는 거야?"

"네."

석우의 손목에는 뽀로로 시계가 자랑스럽게 채워져 있었습니다. 뽀로로 얼굴 뚜껑을 열면 디지털로 숫자가 표시되는 시계지요. 뽀로

로 시계는 석우의 순수한 마음이자 패션의 완성이었습니다.

석우는 앉으나 서나 자세가 반듯했습니다. 다리를 떨지도 턱을 괴지도 않았고요. 필통이며 연습장, 참고서 석우의 모든 소지품은 깔끔했습니다. 석우의 평소 모습이 이러니 멋을 부릴 때도 당연히 그 성향이 드러날 수밖에요. 온 방을 어지르면서 내 몸뚱이 하나만 번지르르하게 꾸미고 다니는 것보다 훨씬 낫습니다. 무엇보다 자기만의 멋을 즐길 줄 아는 석우가 기특했습니다. 자신을 꾸밀 줄 알고 몸가짐을 단정하게 할 줄 아는 태도는 얼마나 훌륭한 자기관리인지요. 석우에게는 나름대로 멋의 기준이 있었고 고유한 감각에 따라 자신을 가꾸고 있는 것입니다.

청소년들은 무엇을 하든 공부와 관련이 없으면 잔소리를 듣기 마련입니다. 멋 부리는 것도 그렇지요. 하지만 아름다움을 추구하는 것은 굉장히 놀라운 성장의 증거입니다. 나의 존재를 인식하기 시작했으니 시도 때도 없이 거울을 들여다보는 것이며, 세상에 나만 혼자 사는 것이 아니라는 걸 치열하게 느끼고 있으니 남들에게 예뻐 보일 궁리도 하는 것입니다.

엄마가 입혀 주는 대로 입던 어린 시절이 지나고 친구들과 마음에 드는 옷을 사러 다니는 것, 남들보다 돋보이고 싶어 하는 것 모두 부모의 영향에서 벗어나 독립된 인격체로 살아가기 위한 준비입니다.

겉모습이든 속마음이든 가꾸는 데에는 즐거움이 따르는 법입니다.

신윤복 〈주유청강〉 부분 모사본

다만 겉모습을 가꾸는 것을 먼저 배울 뿐이죠. 아름다움을 추구하는
인간의 본성은 성별과 연령, 시대를 가리지 않습니다. 최순우 선생님
은 신윤복의 그림 속에서 그 멋을 찾아내셨네요.

☺ 흰 이마 위에는 엷은 망건 그리고 두 볼을 감싸서 앞으로 매어 내
    린 검은 갑사 갓끈이 풍기는 멋은 요사이 넥타이만 못할 것이 없
    다. 이 갓끈의 맺음새에 따라서 길고 짧은 끈이 좋은 비례를 이루
    면서 앞가슴을 장식하는 것은 당시 항상 백설 같아야 하는 윗옷
    과 함께 멋쟁이들이 늘 신경을 쓰는 일 중의 하나였다. 마치 요사
    이 신사들이 늘 깨끗한 와이셔츠와 넥타이에 신경을 쓰는 것과 다
    름이 없는 것이다. 지금은 마음에 맞는 넥타이를 많이 가지고 있는
    것이 한 밑천이 되는 것처럼 옛날에는 늘 갓끈이 신선하고 새로워

야 했기에 스페어 갓끈이 듬뿍 있어야만 되었다. 따라서 가게에서
는 갓끈을 접어서 줄줄이 걸어 놓고 팔았다.

석우가 조선시대에 태어났다면 어땠을까요. 반듯한 자세에 윗옷은
항상 희고 구김 없이 입었을 것입니다. 당연히 갓끈도 빳빳하고 단정
하게 맸겠지요. 길고 짧은 갓끈의 길이를 조절하기 위해 몇 번이고 고
쳐 매었을 것입니다.

그림 속 선비의 멋이 낭만과 풍류이듯 오늘날 우리가 부리는 멋도
소중합니다. 매일 아침 얼굴에 크림을 바르고 머리를 만지며 아름다
워지는 내 모습을 보는 것은 얼마나 큰 기쁨인지요. '오늘 하루도 잘
지내야지' 다짐이 절로 일어납니다. 나를 꾸미며 더욱 나를 사랑하게
되고 자신감도 생기는 법입니다.

하지만 아름다움을 추구하는 감각도 부정적으로 쓰일 수 있습니
다. 친구들 기를 죽이기 위해 명품 옷을 입거나 인터넷 쇼핑몰을 구경
하며 시간을 낭비하거나 누가 뭘 입었네 신었네 하며 흉을 보는 '짓'
들이 그렇죠. 뛰어난 안목을 가진 사람일수록 그런 함정에 빠질 위험
도 큽니다.

☺ 자연의 아름다움이건 조형의 아름다움이건 남보다 더 알아볼 수
있고 더 깊이 느낄 수 있는 눈일수록 남이 못 느끼는 추한 것과 지
저분한 것을 아울러 새김질해야 하는 괴로움이 따르기 마련이다.

말하자면 아름다움을 남보다 풍성하게 즐기는 쪽으로 셈해 보면 행복한 사람일 수 있지만, 남의 눈에는 안 보이는 추한 것들을 느껴야만 되는 괴로움이 불행감을 안겨줄 수도 있는 것이다.

과연 아름다움을 많이 느끼지 못하는 대신 추한 것도 모르고 사는 사람들이 행복한 것인지, 추한 것에서 받는 괴로움을 남달리 더 맛보지 않을 수 없는 사람이 행복한 것인지는 각자가 지닌 천성과 교양 그리고 세상을 살아가는 마음의 자세에서 엇갈리기가 쉽다.

평생을 한국의 미에 감탄하며 살았던 대가도 이런 고민을 했으니 연예인 화보에 감탄하며 사는 우리들은 더 말할 것도 없습니다. 여러분은 어떤 편이 좋은가요. 저는 아름다움을 풍성하게 누리는 쪽을 택하겠습니다. 아름다움도 추함도 모르고 그냥 지나치는 무덤덤함보다는 훨씬 낫지요. 아름다운 것을 찾아낼 줄 알고 즐길 줄 아는 행복을 포기할 수는 없습니다.

석우도 머리를 매만지고 옷을 골라 입으며 그런 행복을 느끼지 않을까요. 외모를 가꾸며 생각도 정리하고 마음가짐도 다잡게 되는 것입니다. 잠이 덜 깬 얼굴로 대충 교복을 꿰어 입고 학교에 가는 친구들에 비하면 석우는 대단한 자기관리를 하는 셈이죠. 민감함 미적 감각을 가진 석우에게 멋 부리기 금지령을 내리면 어떻게 될까요. 그 시간에 공부를 하기는커녕 패션 잡지를 보거나 친구들의 멋 부리는 모습에 참견하며 다른 방법으로 멋을 즐기려 할 것입니다. 멋 부리는 즐거움이 없으니 생활에 활력이 줄고 자신감도 떨어지겠죠. 그러니 멋을 아는 사람은 멋을 부려야 하는 것입니다.

엄마 눈에는 남자아이가 비비크림까지 바르며 외모에 신경 쓰는 모습이 못마땅할 것입니다. 하지만 저는 석우의 멋을 응원하고 싶습니다. 그 또한 석우가 자신을 사랑하는 방법이니까요. 겉모습을 야무지게 가꾸어 본 사람이 그만큼 내면도 가꾸어야 한다는 것을 분명하게 깨닫는 법입니다.

석우처럼 외모에 신경 쓰느라 공부를 못한다고 핀잔을 듣는 독자들이 있다면 용기를 가지기 바랍니다. 멋 부리는 즐거움으로 다른 일들을 더욱 잘하게 될 테니까요. 단, 다른 사람의 추함을 지적하거나 나를 자랑하는 수단으로 멋을 부리는 것은 삼가야 합니다. 반대로 이제까지 '멋이 뭔지' 꾸밀 줄 몰랐던 독자라면 자신을 가꾸는 즐거움을 누려 보기를 부탁합니다. 비싼 옷에 이런저런 화장품을 바를 필요는 없습니다. 표정은 밝은지, 옷과 머리의 매무새는 단정한지 살펴보는 정도면 충분합니다.

> ☺ 네 의복을 항상 희게 하며 네 머리에 향기름을 그치지 아니하도록 할지니라.
>
> -〈전도서〉9장 8절

성경에 이런 구절이 있다니 재미있지요. 몸과 마음은 연결되어 있어서 정성스럽게 몸을 단장하면 마음에도 아름다움이 피어나기 마련입니다.

토막 독후감

최순우 선생님을 처음 알게 된 것은 《무량수전 배흘림기둥에 기대서서》를 읽고서였다. 건축물이든 도자기든 그 아름다움을 표현한 것을 읽으면 그가 우리의 것을 얼마나 사랑하고 있는지, 또 그 아름다움을 빚어낸 이들에게 얼마나 감사한 마음을 품고 있는지를 느낄 수 있다.

쓴 사람의 마음이 깊고 깨끗해서인지 그의 글을 읽으면 갑자기 고고한 품격을 가진 사람이 된 듯 마음이 너그러워진다. 그 행복감을 또 느끼고 싶어 읽게 된 책. 한국 미술에 대해서는 아무것도 모르는 무식쟁이지만 최순우 선생님의 좋은 글을 읽으며 조금씩 배우고 식견이 넓어진다.

책 속의 한 문장

"선생님, 어떻게 하면 좋은 그림을 그릴 수 있게 될까요?"

"온 천지에 충만한 아름다움과 추한 것들이 학생 눈에 보이게 되면 좋은 그림을 그릴 수 있을 것이다. 아름다움은 학생의 발밑과 주변에 수두룩이 깔려 있으나 학생은 지금 그것을 밟고도 느끼지 못하고, 바라보면서도 의식하지 못하고 있다."

석우에게 배우는
단정한 외모 관리법

멋 부리기가 학업 방해인지 자기관리인지를 알아보려면 그 사람의 생활을 살펴보면 된다. 멋 부리느라 방이 난장판이고 생활이 흐트러지면 학업 방해로 이어지겠지만, 멋 부리기가 생활의 기준으로 작용한다면 자기관리라고 보아야 한다. 석우는 어느 쪽일까. 가지런한 앞머리와 나비넥타이, 뽀로로 손목시계, 알 없는 안경 등 겉으로 보이는 석우의 멋 뒤에는 매우 규칙적이고 깔끔한 생활이 있었다. 몇 가지 노하우를 살펴보자.

- 샤워는 아침에 한다. 잠 깨기도 좋고 개운하게 등교할 수 있다.

- 향수는 쓰지 않는다. 아무리 조금 뿌려도 냄새가 강하고 시간이 지나면 이상한 냄새로 변하기도 한다.

- 항상 바른 자세를 유지한다. 다리를 꼬거나 쪼그려 앉으면 바지 모양이 틀어진다.

- 교복 재킷을 입은 채로는 엎드려 자지 않는다.

- 필통에 코털가위를 가지고 다닌다. 코털은 물론 삐쭉 길어난 앞머리나 눈썹, 옷에 달린 실밥을 정리하기에 좋다.

- 교복 셔츠는 여러 벌 사서 매일 빨고 다린다. 다린 옷은 살에 닿는 감촉이 새옷 같아서 아침에 기분이 좋아진다. 이건 석우 어머니가 항상 하신 말씀이기도 하다.

- 비누, 스킨 로션은 천연제품을 쓴다. 여드름에 좋은 건 화학성분이 없는 천연제품이다. 외출할 때 선크림이나 비비크림을 발랐다면 집에 돌아와 바로 씻는다.

나의
빨간 클립은?

빨간 클립 한 개_카일 맥도널드

최신 스마트폰이나 새 운동화, 축제 때 꼭 입고 싶은 옷. 여러분은 무언가 갖고 싶은 게 생겼을 때 어떻게 하나요?

　학습상담을 하면서 만났던 고1 정아는 학교에서 밴드 동아리 활동을 하고 있습니다. 밴드에서 정아는 베이스기타를 맡고 있는데 아직 1학년이라 선배들로부터 한 수 배우는 중이라 합니다. 그런 정아의 간절한 소망은 자신만의 기타를 갖는 것입니다. 지금은 연습실에 있는 기타를 쓰고 있는데 집에 가져올 수도 없고 소리도 좋지 않다는 겁니다. 선배의 반짝거리는 새 기타를 볼 때마다 정아의 눈은 하트로 변하곤 합니다. 부모님께 기타를 사 달라고 하는 건 어림도 없는 일이죠.

"음악을 듣다가 기타 연주 부분이 나오면 바로 따라 해보고 싶거든요. 집에 제 기타가 있으면 맘대로 칠 수 있잖아요. 부모님은 처음엔 되게 반대하시다가 이제는 용돈 모아서 사래요."

"그래서 용돈은 좀 모았어?"

"한 십만 원 정도요."

"얼마나 더 모아야 되는데?"

"내년 설까지 모으려고요. 세뱃돈까지 합하면 연습용 기타는 살 수 있어요."

정아는 정말로 용돈을 모아 기타를 샀습니다. 용돈을 아끼기 위한 정아의 노력은 대단했지요. 마을버스를 타던 등하굣길은 걸어 다녔고 매점과 편의점도 자제했습니다. 겨울 코트를 안 사는 대신 돈으로 달라고 부모님과 협상을 하기도 했고요.

정아가 '빨간 클립 한 개'를 읽었더라면 무릎을 탁 쳤을 것입니다. 책의 저자인 카일 맥도널드는 빨간 클립 한 개로 물물교환을 시작해 정확히 일 년 뒤에 집 한 채를 마련한 기적의 주인공이죠.

빨간 클립은 물고기 펜이 되었고 물고기 펜은 문 손잡이로, 문 손잡이는 캠핑 스토브로, 캠핑 스토브는 빨간 발전기로. 이렇게 꼬리를 물어 마지막에는 집 한 채가 된 겁니다. 세상에 집이라니요. 전기가 들어오고 물이 나오는 진짜 집 말입니다. 여자친구에게 얹혀 살며 월세도 못 내던 백수가 빨간 클립 하나로 내 집 마련의 꿈을 이룬 겁니다.

물물교환의 원칙은 단 하나 '비거 앤드 베터Bigger and Better입니다. 지금 갖고 있는 것보다 더 크고 더 좋은 것으로 바꾸는 것이죠. 아마도 정아의 책상 서랍에는 클립이 무수히 많았을 겁니다. 클립보다 더 좋은 물건도 많았겠죠. 책상까지 갈 것도 없네요. 지금 정아의 가방 속에 있는 것만 해도 훌륭합니다. 비닐도 뜯지 않은 지우개, 샤프심이 꽉 찬 샤프, 캐릭터 반창고, 이어폰, 하트 모양 포스트잇, 고등학교 입학선물로 삼촌이 사줬다는 만년필은 최고급입니다. 그 만년필로 물물교환을 했다면 생각보다 빨리 기타를 얻었을지 모릅니다. 버스비를 아끼는 수고보다 물건을 바꾸는 재미가 더 훌륭함은 말할 것도 없고요.

책의 저자인 카일 맥도널드의 고등학교 친구들은 틈만 나면 '비거 앤드 베터' 모험담을 늘어 놓곤 했답니다. 한 친구는 단 돈 1페니로 시작해 반나절 만에 침대를 얻었다고 했고 또 다른 친구는 옷 핀 한 개로 시작해 저녁 무렵에 냉장고를 얻었다고 합니다. 이웃마을에서는 몇몇 꼬마들이 아침 일찍 이쑤시개 한 개로 시작해서 계속 바꾸고 바꾼 끝에 날이 저물기 전에 승용차 한 대를 갖게 되었다는 소문도 떠돌았다는군요. 놀라운 일입니다.

텔레비전 프로그램에서 복숭아 한 개로 물물교환을 시작해 복숭아가 세 개가 되고 복숭아 한 상자가 되는 과정을 본 적이 있습니다. 고아들을 열 몇 명이나 데려다 키우는 어머니에게 물물교환을 통해 얻

은 냉장고와 피아노를 전달하는 모습도 보았었죠. 하지만 '우와 저것
봐' 감탄만 했지 직접 내가 해볼 생각은 못했습니다. 카메라가 있고
연예인들이 요청을 했으니 가능한 일이라고 잡담만 늘어놓았었죠.
그런데 이 책을 읽고 나니 제 마음 속에도 스멀스멀 호기심이 피어오
릅니다.

물물교환이 매번 달콤한 건 아닐 겁니다. 민망하게 거절하는 사람
도 있을 거고 더 안 좋은 물건을 내놓고 고집을 부리는 사람도 있겠
죠. 그래도 한번 해볼 만하지 않나요? 갖고 싶은 건 많고 돈 벌기는 어
려운 십대들에게는 특히 그렇습니다.

저자도 처음에는 '한번 해보지 뭐' 하는 모험심으로 시작했을 겁니
다. 일자리를 알아보라는 여자친구의 잔소리를 들으며 이력서를 쓰
다가 문득 책상 위에 있는 빨간 클립이 눈에 들어왔으니까요. 하지만
물물교환이 진행될수록 점점 확고한 기준을 갖게 됩니다.

☺ 나는 빨간 클립 한 개나 집 한 채에 관심이 있었던 게 아니라 사람
에 관심이 있었다.
함께 이루어가기.

물물교환의 당사자들이 모두 만족하며 행복해야 한다는 것이지요.
그러니 '비거 앤드 베터'의 기준은 단지 물건의 가격만이 아닌 겁니
다. 그 물건에 담긴 사연, 물건 주인의 마음까지 고려해야 하는 거예

요. 그냥 그 물건을 갖고 싶어 하는 사람보다는 꼭 필요로 하는 사람과 거래하는 게 훨씬 더 큰 행복을 만들어 낼 테니까요. 저자가 문 손잡이와 빨간 스토브를 교환할 때 스토브의 주인은 그것 말고도 스토브가 하나 더 있는 상태였습니다. 나머지 하나를 처분하기 위해 '필요하신 분 가져가세요'까지 붙여봤지만 새 주인은 나타나지 않았다고 합니다. 반면 에소프레소 기계의 손잡이는 너무 낡아서 쓸 수 없을 지경이었고요. 이런 상황에 저자의 물물교환 광고를 보았으니 얼마나 간절했을까요. 저자가 스토브 주인을 직접 만나 보니 놀랍게도 그 사람은 노트북과 트럭을 교환한 경험이 있는 '선배'였습니다. 이렇게 꼬리를 물고 이어지는 기대와 감탄, 만남의 즐거움. 저자가 경험한 이 행복이 집 한 채보다 더 큰 재산 아닐까요. 저자는 빨간 클립을 이렇게 회상합니다.

😊 모든 것이 빨간 클립 한 개에서 시작되었다. 빨간 클립은 나의 출발점, 더 중요하게는 내가 다음에 할 수 있는 일을 상징하는 물건이었다.

주변을 둘러 보세요. 여러분의 '빨간 클립 한 개'는 뭔가요? 새 휴대전화든 집 한 채든 내 꿈을 이룰 '시작' 말입니다. '돈이 어딨어' '나중에 대학 가면'이라고 치워 두었던 꿈들을 꺼내 보세요. '비거 앤드 베터' 원칙에 따라 내 물건을 키우다 보면 분명 예상치 못한 행복을 만나게 될 것입니다. 새 휴대전화와는 비교도 되지 않을 삶의 가치도 발견하겠죠. 물건이 좋아지고 커질수록 나 또한 좋은 사람, 큰 사람이 되어 가고 있다는 걸 경험할 것이네요. 지금 시작해 보세요.

토막 독후감

이 책은 KBS '인간의 조건'에서 김준호 아저씨가 잠깐 언급했던 책이다. '돈 없이 살기'라는 미션을 수행하며 물물교환을 했던 것. 대부분 번역서들이 그렇듯 자연스럽게 읽히지 않는 부분이 더러 있다(저자가 워낙 산만하게 쓴 탓도 있음). 하지만 책 전체에 흐르는 도전의식과 실행능력, 진심이 통하는 사람을 만나고자 하는 열정은 참으로 배우고 싶다.

책 속의 한 문장

지금이라는 것은 언제나 무언가를 행하기에 가장 좋은 시간이다.

점점 불어나는 물물교환 방법

• 최종 목표를 정하자
저자는 빨간 클립 한 개를 집어들고 집 한 채를 꿈꾸었다. 휴대전화든 운동화든 거래의 최종 목적지를 정하자. 꼭 물건이 아니어도 좋다. '음반 취입 계약서'와 같이 가능성을 얻는 것도 근사하다.

• 지금 당장 시작하자
책의 주인공도 처음에는 빨간 클립을 지갑에 넣어 가지고 다니며 잊어버린 채 시간을 보냈다고 한다. 하지만 곧 이렇게 말한다. '다른 사람을 설득하기 위해서는 당신의 아이디어를 실현시킬 행동을 해야 한다'고.

• 물건이 바뀌어 가는 과정을 즐기자
'세븐일레븐 앞에서 만나요'라는 약속으로 미지의 누군가를 기다리는 재미는 또 얼마나 쏠쏠한가.

• 인증샷을 찍자
바꿀 물건, 바꾼 물건은 물론 거래 상대방과 함께 찍은 사진도 필요하다. '네 시작은 미약하였으나 네 나중은 심히 창대하리라'는 성경 구절이 이루어지는 과정이 눈으로 확인될 것이다.

• 모든 거래는 진심으로 하자
'안 되면 말고'라는 비겁한 마음은 상대방에게 그대로 전달될 뿐 아니라 본인의 의욕도 꺾는다. 아무리 작은 물건이라도 정성을 다하자.

• 인터넷을 활용하자

물물교환 사이트나 개인 블로그 등을 활용하면 사람을 직접 만나고 반복적으로 설명하는 수고를 덜 수 있다.

• 거래 가능성이 높은 물건으로 바꾸자

물물교환 희망자가 나타났다고 해서 무조건 승낙을 해서는 안 된다. 먼저 지금의 내 물건보다 더 크고 더 좋은 것인지 살펴야 하고 그 물건을 원하는 사람이 있을지도 생각해야 한다. 뭔가 허접해 보인다면 정중히 거절할 것.

• 거래 과정의 사람을 중시하자

물물거래는 항상 '함께 이루어가기'에 부합되어야 한다. 내 물건을 소중히 여길 사람, 나에게 진심을 건네줄 사람을 택해야 한다. 물건이 떠나도 결국 그렇게 만난 사람들은 내 곁에 남을 것이다.

부모님이 답답하게
느껴진다면

목소리를 높여 high!_악동뮤지션

😊 "왜 우리 엄마와 아빠는 다른 부모님처럼 쉽게 허락해 주시지 않을까?"

청소년이라면 모두 이 답답함에 공감할 것입니다. 물론 '보살펴 주시는 부모님이 있다는 것만 해도 얼마나 감사한 일인데 불평불만이냐'고 다그친다면 할 말은 없지만 말이지요. 자유롭게 친구들과 세상을 누리고 싶은 아이들과 그 자녀들을 불안한 눈빛으로 바라보는 부모님의 규제는 평행선을 그리며 그치지 않습니다. 물론 저도 그랬었고요. 제가 만난 많은 청소년들도 세상에 우리 부모님 같은 사람들은 없을 거라며 한탄을 합니다.

"선생님이 우리 아빠를 몰라서 그래요."

"다른 엄마들은 일도 하고 골프 같은 거 배우러 다니고 그러는데 우리 엄마는 왜 집에만 있는지 모르겠어요. 꼼짝을 할 수가 없어요."

악동뮤지션의 찬혁이와 수현이도 마찬가지입니다.

☺ 수현이와 나는 친구들과 놀 때도 다른 친구들보다 제약이 훨씬 많았다. 친구들과 한번 놀러 가려면 일주일 전에 부모님에게 허락을 받아야 했다. 하루 전도 아닌 일주일 전. 그것도 어디로 놀러 가는지, 돈이 얼마나 필요한지 보고를 해야 했다. 돈이 얼마나 필요한지 말하는 건 이해가 되었지만, 외출 허락을 일주일 전에 받으라는 건 정말 힘든 주문이었다. 친구들끼리는 하루 전에도 "야, 우리 내일 놀러 가자" 하며 순식간에 약속이 잡히지 않는가.

특히 제가 크게 공감했던 부분은 이 내용입니다.

☺ 만약에 친구들끼리 놀다가 다른 곳에 가게 되면 그때는 다시 전화를 해서 내가 어디에 있는지 부모님에게 알려야 했다.

우리 부모님도 꼭 그랬었거든요. 휴대전화가 없던 시절 학교를 마치고 바로 집으로 오지 않고 친구네 집에 가거나 할 때는 친구네 집

전화로 여기가 누구네 집이고 언제쯤 집으로 갈 것인지를 통보해야 했습니다. 나는 언제쯤 내 맘대로 다닐 수 있을까. 항상 부모님의 감시망 안에 있다는 것이 갑갑하고 싫었습니다.

그러다 어느 여름방학 언니와 단둘이 시골에 다녀올 기회를 얻었습니다. 합법적 자유여행이었지요. 전북 정읍의 외할머니를 뵙고 경북 합천의 고모 댁에 다녀오는 긴 여정이었습니다. 신이 나서 짐을 싸고 집을 나섰지만 여전히 부모님의 감시망 안에 있다는 걸 깨닫는 데는 오랜 시간이 걸리지 않았습니다. 버스를 타고 내리며 장소가 바뀔 때마다 부모님께 전화를 걸어 알려야 했던 거지요. 터미널에 도착해서 전화를 하고 버스표를 산 다음 몇시 차를 타게 될 것인지 또 전화를 하고 버스에서 내리면 잘 도착했다고 전화를 하는 식이었습니다.

터미널에 도착하면 부모님이 미리 연락해 둔 누군가가 우리를 데리러 나와 있었기 때문에 우린 어딜 가든 부모님의 철저한 계산 하에 움직였던 것입니다. 장소를 옮길 때마다 전화를 해야 하는 것도 답답했지만 그때마다 이루어지는 통화의 내용도 답답했습니다.

"여보세요?"

"나야."

그리고 곧 이어지는 숨 막히는 질문

"지금 어디야?"

내 모든 걸 속박하는 듯한 그 말이 얼마나 짜증나던지요.

"여기 할머니네 집에 다 왔어. 집 앞 수퍼야."

"그래. 할머니께 인사 잘하고 밤에 여기저기 돌아다니지 말아라."

언젠가 텔레비전 퀴즈 프로그램에서 '청소년들이 부모님께 가장 듣기 싫어하는 말'을 맞히기를 한 적이 있었습니다. 모두가 1위라고 예상했던 '공부해라'는 2위였지요. 청소년들이 가장 듣기 싫어하는 말은 뭘까. 출연진들이 이말 저말을 내놓았지만 1위를 맞히지는 못하였습니다. 진행자가 공개한 영예의 1위는 '너 지금 어디야?'였습니다. 백만오십여덟 가지의 잔소리를 함축하고 있는 그 한마디는 청소년들의 마음을 닫아 버리기에, 전화기를 꺼버리기에 충분하지요.

어쨌든 이 책이 꼬장꼬장한 부모님에 대한 불만으로 끝이 났다면 이렇게 원고를 쓰고 있지도 않을 것입니다. 제가 책에서 배운 것은 책을 쓴 십대들이 부모님의 규제라는 현실을 받아들이고 대처하는 태도입니다.

☺ 친구들과 놀 때 부모님이 쉽게 허락해 주지 않는 것 때문에 불만이 없지는 않았다. 그래도 반항을 하지는 않았다. 내가 착해서? 아니, 자유롭지 않아 속상했지만 그래도 자유가 주어지는 짧은 시간 동안은 열심히 놀았으니까. 그렇게 마지막 1초까지 놀고 나면 그동안 내 마음을 불편하게 했던 것들이 아주 사소한 것들이 되어 홀홀 털려 나갔다.

"왜 나는 안 돼요?"

마음에 남아 있는 게 없으니 이렇게 반항할 이유도 없었다. 마음은 적응력이 좋아서, 어떤 상황에 놓이면 그에 맞게 또 변화하는 모양이다.

이 얼마나 멋있는 마음가짐인지요. 무엇이든 쉽게 허락해 주지 않는 부모님에 대한 불만이 없지 않았지만, 자유롭지 않아 속상했지만 그래도 반항을 하지 않고 주어진 자유 안에서 신나게 노는 쪽을 선택하는 것입니다. 이러한 자세는 세상 살아가는 모든 일에 필요합니다. 마음껏 놀고 싶은 자유뿐 아니라 돈, 시간, 성적 그 무엇도 우리가 바라는 만큼 전부 주어지지는 않으니까요. 찬혁 군은 이 진리를 일찌감치 깨우친 것입니다.

☺ 세상은 내가 원하는 모든 것을 주지 않는다. 누구든 모든 걸 다 가질 수 없다는 것, 그래서 세상은 조금쯤은 공평하다.

이렇게 내가 가진 것 안에서 만족하고 감사하며 그 즐거움으로 불만과 속상함을 털어 버리는 방법을 안다는 것은 엄청난 지혜입니다. 하지만 저는 이 글을 쓴 찬혁 군처럼 현명하지 못했습니다. 현명하기는커녕 '너 지금 어디야?' 그 쌀쌀맞은 목소리를 몇 번이고 되새기며 우울을 증폭시키곤 했지요. 나에게 주어진 자유를 누릴 생각은 안 하고 비교적 너그러운 부모님을 둔 다른 친구들을 부러워하며 원망과 한탄에 휩싸였던 것입니다.

선교사인 부모님을 따라 몽골에서 지냈던 찬혁과 수현은 갖고 싶지만 갖지 못하는 것들도 많았습니다.

☺ 기본과 원칙을 중요하게 생각하는 부모님 때문에 나는 갖지 못하는 게 많았다. 다른 집 부모들은 몽골 같은 오지로 자식들을 데려온 것을 미안해하며 되도록 하고 싶은 것을 하게 해주었다. 그러나 우리 집은 '안 되는 게 많은 집'이었다.

멋 부리고 싶은 나이에 옷이 몇 벌 없다는 것도 매우 아쉬운 일이지요. 하지만 찬혁 군은 옷을 입을 때에도 지혜를 발휘합니다.

☺ 몽골에서 사는 한국 친구들은 겉모습은 한국의 아이들과 크게 다르지 않았다. 스키니진이나 모자니 후드티니 운동화니 모두 한국에서 가져온 걸 입었다. 하지만 우리는 그것들을 마음대로 살 수 있는 형편이 아니었기 때문에 부모님에게 요구하기가 조심스러웠다. 부모님은 우리가 가난하지 않더라도 옷 사는 데 돈을 투자할 분들이 아니다.

그렇다고 멋있게 보이는 걸 포기하고 싶지도 않았다. 옷은 이틀 연속 같은 것을 입지 않고 튀지만 과하지 않게 입으려고 노력했다. 아침마다 열심히 옷을 돌려 입으며 내가 할 수 있는 최선의 선택을 했다. 원망하거나 반대로 간절히 바란다고 해결되는 문제는 아니니까 말이다.

'스키니진을 입진 않았지만 춤을 잘 추어 스키니진 입은 것만큼 멋있게 보였으면 된 거다.'

나는 이렇게 생각하기로 했다.

찬혁과 수현에게는 가지 말아야 할 곳도 많았습니다. 피시방도 출입 금지 구역이었지요. 한번은 찬혁의 친구가 함께 피시방을 가지 않으면 왕따시킬 거라며 으름장을 놓았다고 합니다. '안 되는 게 많은' 부모님 때문에 왕따를 당할 지경에 이른 것이지요. 규제가 많은 부모님 때문에 답답하고 불편한 게 많다 해도 나 혼자만의 문제라면 견딜 만합니다. 주어진 자유만큼만 놀고, 있는 옷을 돌려 입으며 어떻게든 적응할 수 있으니까요. 하지만 왕따의 위협을 당한다는 것은 차원이 다릅니다. 부모님을 원망하지 않을 수 없지요. 찬혁 군은 아빠에게 억울함을 호소했습니다. 아빠는 뭐라고 했을까요? 여러분의 아빠는 뭐라고 할 거 같은가요?

😐 "그런 친구라면 없는 게 나아."

아빠는 나를 위로하거나 걱정하기는커녕 기본과 원칙을 설명했다. 원망과 걱정으로 뒤덮인 캄캄한 밤, 나 홀로 들판에 서 있는 기분이었다.

'아빠는 혼자가 된다는 게 얼마나 외로운 건지 알까?'

'남과 다르지 않은 평범한 아빠의 아들이었으면 좋겠다.'

밤새 친구들이 진짜로 나와 놀아주지 않으면 어쩌나 걱정하느라 낯선 집에 온 강아지처럼 안절부절못했다.

안 된다고 금지하는 게 많은 부모님이 싫고 답답했지만 찬혁 군은 여전히 바른 선택을 합니다. 왕따가 될 순 없으니 부모님의 말씀을 어기고 친구들과 피시방을 갈 법도 한데 말이지요.

☺ "그 뒤 한동안 친했던 그 친구들과 어울리지 못했다. 친구들이 피시방에 가자고 하면 나는 한사코 축구나 탁구를 하자고 했다.

피시방에 가지 않은 것도 훌륭하지만 거기서 그치지 않고 도리어 친구들을 '건전한 놀이'로 인도하는 것은 더욱 놀랍습니다. 피시방 문제로 한동안 어울리지 못했던 그 어색한 상황에서 말이지요. 여러분이라면 어떻게 행동했을까요. 저라면 부모님 몰래 친구들을 따라 피시방을 몇 번 갔을 거 같습니다. 초등학생들도 제 집 드나들 듯 가는 피시방이니 못 갈 것도 없지요. 나아가 다른 걸 하며 놀자고 친구들을 설득하는 것은 시도도 못했을 것입니다. 친구들이 '그딴 모범생 같은 소리 하면 진짜 왕따시켜 버린다'고 할까 봐 무서워서요.

하지만 진심은 통하는 법이지요. 찬혁 군은 왕따를 당하지 않았습니다.

☺ 이상하게 점점 축구와 탁구를 하는 친구들이 많아졌다. 내가 왕따가 되면 어쩌나 걱정했는데, 내가 없는데도 아직까지 정기적으로 축구 모임을 하는 친구들을 보면 다행이라는 생각이 든다.

나에게 "우리와 같이 안 가면 왕따야"라고 말했던 친구도 씩 웃으며 와서 공을 찼다. 우리 중에서 그 친구가 가장 열렬한 축구 마니아가 되었다. 그 친구는 피시방에 같이 가고 싶어서 "왕따시킬 거야"라고 말한 것이다.

넘쳐나는 열정으로 독립된 인격체가 되고자 하는 청소년들이기에 아무리 너그러운 부모라 해도 답답하게 느껴질 것입니다. 모두들 '숨이 막힐 지경이다' '이건 사람 사는 게 아니다' 고개를 흔들지요. 하지만 어떠한 환경이든 그 안에서 멋지게 성장할 책임은 나에게 있는 거 아닐까요. 그 답답한 부모님의 규제 속에서도 신 나게 살 수 있습니다. 그 열쇠는 물론 여러분이 쥐고 있고요. 혹시 저처럼 엄한 부모님을 원망하느라 스스로 힘든 길을 택한 독자들이 있다면 하루라도 빨리 태도를 바꾸기 바랍니다.

찬혁과 수현은 선교사인 부모님과 몽골에서 홈스쿨링을 했습니다. 아침 6시에 일어나 두 시간 동안 가정예배를 드리고 묵상을 했다고 하네요. 성경 말씀을 읽고 읽은 구절 중에서 가슴에 와 닿는 부분에 대해서 이야기하고, 나에게 주는 의미가 무엇인지 글로 썼습니다. 아마도 성경의 이 구절을 수시로 묵상하지 않았을까요.

☺ 내 아들아 네 아비의 훈계를 들으며 네 어미의 법을 떠나지 말라

-〈잠언〉 1장 8절

부모님의 훈계와 법을 귀찮게 여길 뿐 아니라 부끄러워하고 답답해하는 저와 여러분 모두가 깊이 새겨야 할 말씀입니다.

토막 독후감

연예인들, 특히 젊다 못해 어린 가수들이 쓴 책은 잘 안 보는 편이다. 팬 서비스, 음반 홍보의 냄새가 싫어서다. 그럼에도 불구하고 이 책을 읽은 것은 나의 속성을 잘 아는 분이 건네준 책이기 때문이다. 악동뮤지션의 지극히 평범한 외모와 만만치 않은 실력에 대한 호기심이 일기도 했다.

십대들이 쓴 이 책에는 어른들이 배울 점이 가득하다. 연예인 책에 대한 부정적 편견을 없애준 책. 순수한 노력과 바른 성장, 꿈에 대한 감사를 다시 한 번 떠올리게 하는 책이다.

책 속의 한 문장

YG 연습실에 들어가면 항상 보이는 문구가 있다.
'노력하지 않는 사람은 나가라'.

최소한의 비용으로
예쁘게 코디하기

찬혁 군처럼 입고 싶은 옷을 마음껏 살 수 없지만 멋지게 보이고 싶은 걸 포기하기 싫은 독자들이 많을 것이다. 멋을 내는 데에는 큰돈도 필요 없고 요란스러운 쇼핑도 필요 없다. 넘치는 센스로 나만의 패션을 만들어 보자.

- 하의는 상의를 어떻게 입느냐에 따라 한 벌도 여러 벌처럼 보인다. 진바지가 오래 입고 무난하며 청색과 흰색 두 벌이면 충분하다.

- 라운트 반팔 티는 여름에는 티셔츠로 가을 겨울에는 긴팔 티 위에 덧입는 옷으로 활용하면 좋다. 카디건이나 조끼를 따로 입지 않아도 따뜻하고 멋스럽다.

- 비싼 옷을 마음껏 사는 것은 비정상적인 소비이며 부러워할 대상이 아니다. 싼 옷을 여러 벌 사서 골라 입는 재미를 누리자.

- 반바지를 주로 입는 여름에는 특색 있는 양말로 패션을 완성할 수 있다. 비싼 바지와 운동화 대신 개성 넘치는 양말을 몇 켤레 마련하자.

- 모자나 목걸이 같은 장신구는 새것이 아니어도 좋다. 아름다운가게나 플리마켓 등 좋은 취지를 담고 운영되는 중고시장을 이용해 보자.

- 자세가 바르지 않으면 좋은 옷도 후줄근해 보인다. 무엇을 입든 가슴을 펴고 바르게 걷자.

어른이
되어야 할 때

건투를 빈다_김어준

한 어머니가 급하게 상담 요청을 해왔습니다. 제 책을 읽고는 출판사에 연락을 해서 어렵게 메일 주소를 알았고 고3 아이를 그냥 지켜볼 수가 없어 실례를 무릅쓰고 갑작스러운 부탁을 하게 되었다는 것입니다. 수능이 서너 달밖에 남지 않은 고3에게 갑작스러운 상담거리가 뭐 있을까요. 이런 경우 대부분은 조바심하는 부모의 요청입니다. 엄마는 속이 타 죽겠는데 아이는 천하태평이니 저 애를 선생님이 좀 어떻게 해달라는 것이죠. 이번에도 크게 다르지 않았습니다. 사는 곳이 지방이라 해서 우선 어머니와 전화 통화를 했죠.

아이는 3남매 중 장남으로 중학교 때부터 전교 1등을 유지하며 동생들의 본보기요, 부모의 자랑이었답니다. 그런데 고3이 되더니 이전

만큼 공부에 몰입하지 않는 게 보이고, 여름방학을 앞두고는 아주 손을 놓아 버린 듯 평소 가지 않던 피시방에 출근 도장을 찍는다는 것이죠. 전체 성적을 따지면 전교 1등이지만 과목별로 보면 수학이 부족한 편이고 수학은 1등급이 아니라서 주말마다 서울에 올라와 대치동에 원룸을 얻어 놓고 고액 과외를 한다고 했습니다.

"그래서 수학 성적은 좀 올랐나요?"

"아니요. 그냥 그래요."

다 커 버린 고등학생에게 성적이란, 게다가 공부 좀 해본 학생에게 성적이란 외부의 상황과 상관없이 내면의 결정에서 나온다는 것을 이 엄마는 모르는 모양이었습니다. 아들을 앉혀 놓고 어쩌려고 이러느냐 물어봤더니, 지금 성적으로 수시 원서 쓰면 지방 공립대는 충분히 갈 수 있다고 했답니다. 하지만 엄마의 욕심은 지방공립대에서 멈출 수 없지요. 수능까지 더 열심히 해서 서울에 있는 좋은 대학에 갈 생각은 안 하고 현실에 안주하고 있는 게 안타깝다는 겁니다.

끝까지 열심히 해야 한다는 걸 모르는 고3이 어디 있나요. 하지만 이 녀석은 알아 버린 겁니다. 지방 소도시에서 전교 1등 하는 성적이라고 해봐야 서울에 있는 좋은 대학 갈 점수와는 차이가 매우 크고 그 점수차는 서너 달 바짝 어떻게 한다고 줄일 수 있는 종류의 것이 아니며, 유리한 내신 등급을 이용해 지역 학생에게 가산점을 주는 지역인재전형 따위로 그 지역의 좋은 대학에 가는 것이 가장 좋다는 것을요. 게다가 공립대는 지방이라도 서울의 어정쩡한 사립대보다 입학 점수도 높고 학비도 싸며 졸업 후에도 괜찮으니 이 정도면 충분하다고 여겼을 것입니다.

고민고민 끝에 이렇게 결정을 하고 보니 허무했을 겁니다. 그동안의 노력과 부모의 기대, 나보다 형편없는 성적을 가지고도 웃으며 잘만 사는 친구들. 그래서 뒤늦게(!) 피시방에도 가고 미뤄 두었던 사춘기의 방황도 해보는 것이지요. 그 학생이 무엇을 고민하는지, 그 마음속에 무엇이 아픈지 너무나 잘 알 것 같았습니다. 또 하나, 마음속에 이런 물음이 들어 있지 않았을까요?

'지금까지 무엇을 위해서 이렇게 공부했던 거지?'
'지방대 원서 쓰려고?'
'부모님 기쁘게 하려고?'
'장남이니까?'

그 어떤 답도 설득력을 갖지 못했을 겁니다. 십대를 마무리할 무렵 대학이라는 현실을 마주하다 보면 누구나 하게 되는 생각이죠. 어른이 되어 가는 고민입니다.

저자는 이 고민의 근원을 부모의 욕망을 자신의 욕망으로 여기는 아이의 속성에서 찾습니다.

😐 아이는 엄마의 욕망을 욕망한다.

저도 동의합니다. 세상에 태어나 엄마 말을 듣지 않고는, 즉 엄마의 욕망을 따르지 않고는 생존이 불가능했으니까요. 밥 먹는 법, 시계 보는 법, 학교 가는 법, 사는 데 필요한 모든 것을 엄마에게 배웠으니 '엄마가 칭찬하는 행동만이 살 길'이라는 기준이 생기는 게 당연합니다. 지극히 정상이죠.

😐 어쨌든 어떤 아이나 거치는 과정이다.

하지만 이것도 아이일 때나 통합니다. 아이가 어른이 되고자 할 때, 독립된 인격체가 되어갈 무렵에는 그 진리 같던 '엄마 기준'에 회의가 듭니다.

😐 이게 골 때리는 게, 내가 뭔가를 원하는 게 엄마가 원하니까 원하는 게 된 건지 아니면 내가 그냥 원하는 건지, 그 구분이 안 가는 거라.

이때 사춘기 녀석들에게 찾아오는 증상은 배신감과 반항심입니다.

"그게 엄마 꿈이지 내 꿈이야?"
"나한테 해준 게 뭐 있어?"
"내가 알아서 해. 신경 쓰지 마."

그동안 엄마 말 잘 듣고 착하게 살아왔던 게 바보처럼 느껴지는 거죠. 하지만 그렇지 않습니다. 그 전에는 엄마의 바람대로 사는 게 정상이었던 거고 좀 커서는 자신의 판단대로 사는 게 정상입니다. 문제는 이제 막 어른이 되려는 청소년기에는 자신 있게 내세울 만한 나만의 행동기준이나 가치관 따위가 정립되지 않았다는 것이죠. 내가 알아서 한다고 큰소리는 쳤는데 뭘 어떻게 해야 하는지는 전혀 모르는 것입니다. 뭐 그래도 괜찮습니다. 다들 그러니까요. 그러면서 부모는 자녀의 어른 됨을 인정하고 자녀는 스스로의 삶을 준비합니다. 양쪽 모두에게 힘든 과정이죠.

고민 엄마의 고3 아들은 친구들과 피시방에 다니며 이 힘든 시기를 지나가는 중일 뿐입니다. 엄마의 욕망이 사그라드는 데도 시간이 필요하고 아들이 나만의 세상을 구축하는 데도 시간이 필요하겠지요. 부모의 기대에 질질 끌려다니지 않고 소신껏 가야 할 대학을 정했다는 건 매우 용기 있는 결단이라고 생각합니다.

　😊　부모의 욕망으로부터, 다른 이들의 기대로부터 스스로를 해방시킬 기회를 얻은 건, 당신 인생 전체로 보자면 크게 남는 장사다.

아들은 벌써 어른이 되어 가는 관문을 넘어서고 있는데 엄마는 아직 아들을 품에서 놓지 않으려 합니다. 서울까지 오가며 효과도 없는 고액과외를 시키는 것만 보아도 그렇죠. 저는 당장 그 과외를 그만두라고 했습니다. 똑똑한 아이가 그 정도 판단도 못하겠냐, 엄마가 실망할까 봐 그만둔다는 말을 안 할 뿐 의미 없는 공부라는 걸 스스로 알고 있을 거다. 성적이 오르려면 벌써 올랐어야 한다고 말이죠.

여러분도 혹시 부모의 기대에 따라 사느라 피곤한가요? 엄마가 가라는 학원에 다니고 아빠가 하라는 직업을 목표로 삼으며 살고 있는지 묻는 것입니다. 그게 꼭 나쁜 건 아니지만 문득 '엄마 아빠가 시키는 대로만 살면 난 왜 살지?' 헛헛함이 밀려온다면 어른이 될 때라는 신호입니다. 만약 그렇다면 정중히 차분히 말씀드리세요. 학원 숙제에 끌려다니는 것 싫다고, 죽이든 밥이든 내 방법으로 공부해 보고 도움이 더 필요하면 말씀드리겠다고요. 내가 뭘 하고 싶은지 어느 대학에 가야 할지 아직 모르니 기다려 달라고요. 반항기 웃음기 빼고 진지하게 말씀드리면 진지하게 들어 주실 것입니다. 크게 화를 내거나 펄쩍 뛰실 부모님도 있겠죠. 하지만 소란이 가라앉고 잠자리에 누워서는 가만히 자녀의 말을 되새길 겁니다.

그렇게 부모의 욕망에서 떨어져야 온전히 내 욕망으로 나를 바라볼 수 있습니다. 어른이 되어 가는 첫 단계에 이 '분리'가 이루어지지 않으면 평생 누군가의 욕망을 채우며 살죠. 교수님의 목표를 이루고 직장 상사의 기대에 부응하며 각종 자격시험에 통과하여 제도적 요구를 채우느라 내 인생은 없습니다.

☺ 사람이 나이 들어 가장 허망해질 땐, 하나도 이룬 게 없을 때가 아니라 이룬다고 이룬 것들이 자신이 원했던 게 아니란 걸 깨달았을 때다.

'지금까지 무엇을 위해 살아왔지?'

스스로에게 던지는 이 질문과 자연스럽게 동반되는 혼란에 익숙해지기 바랍니다. 그렇게 조금씩 나만의 인생이 만들어지는 거니까요. 이 질문은 성인이 된 후에도 이어집니다. 취업을 할 때, 사표를 낼 때, 가까운 사람이 죽었을 때. 삶의 방향을 바꾸며 성숙해질 때마다 스스로를 돌아보는 질문이죠.

여러분의 어른 되기를 응원합니다. 지금은 비틀비틀 불안하지만 점점 누가 봐도 탐낼 만한 인생을 만들어갈 거라 믿습니다.

☺ 정신 똑바로 차리시라. 어느 순간 어딘지 모르는 곳에 떠내려와 있는 자기를 발견하고, 일이 어쩌다 이리 된 거냐고 혼자 질질 짜지 않으려면.

토막 독후감

속이 다 후련한 책이다. 욕과 비속어를 적절히 배합하여 쏟아지는 거침없는 말투도 그렇지만 그 내용 또한 매우 통찰력이 있어 멋지다. 무엇보다 누군가의 고민을 이렇게 속 시원히 답할 수 있다는 저자의 자신감에 박수를 보낸다. 대학생과 직장인에 해당하는 내용이 대부분이긴 하나 진학, 취업, 연애 등 청소년들이 앞으로 겪게 될 고민들이 가감 없이 드러나 있어 어른 되기 예습을 하기에 매우 적당한 책이라 여겨진다.

책 속의 한 문장

스스로에게 떳떳한 자가 갖게 되는 괴력은 실로 대단한 것이다. 무엇보다 자신의 삶에 대해 당당해질 뿐 아니라, 그 기운은 반드시 주변에 전달된다. 사람들은 그런 사람을 무척 좋아한다.

고3 여름방학 공부는 이렇게……

어디 이 집 아들뿐일까. 고3 여름방학은 마지막 전력질주를 해야 할 시기지만 상당수의 학생들이 그렇지 못하다. 이런저런 잡념과 무엇에 집중해야 할지 모르는 막연함 때문. 욕심과 부담을 버리는 것이 가장 먼저. 그 다음 꼭 지켜야 할 것들 몇 가지를 살펴보자.

- 매일 학교에 간다. 고3은 방학 중에도 수업이 있게 마련이다. 신청한 수업에 따라 수업이 있는 요일과 시간이 다를 수는 있겠으나 평소와 다름없이 등교하고 학교에서 허용하는 시간까지 공부하다 오는 것이 가장 좋다. 여름방학이라고 특별히 욕심 낼 필요 없다. 늘 하던 대로 하는 것도 충분히 어려우며 평소처럼만 유지해도 남들보다 더 많은 공부를 한다.

- 학교 수업 중심으로 공부한다. 학교에서 이루어지는 수업은 대부분 이미 나간 진도의 복습과 기출문제풀이, EBS교재특강 등이다. 내가 혼자 공부한다 해도 이 이상의 공부를 하기는 어려우니 철저하게 예습, 복습하며 학교 수업을 잡아먹을 듯 집중하자. 지금 집중해서 들은 것은 수능날 기억나게 마련이다.

- 포기하는 과목은 없다. 현실적으로 성적 향상이 불가능할 수는 있겠으나 공부는 태도로 하는 거다. 풀 수 있는 문제를 풀고 이해할 수 있는 단원을 공부하며 공부를 지속하자. 사실 그 과목 중 일부가 어려워 자존심이 상한 것일 뿐 그 과목을 전부 모르는 것은 아니다. 끝까지 포기하지 않고 내 할 바를 다 했다는 떳떳함은 앞으로도 닥칠 모든 위기의 순간에서 나를 이끌어 줄 것이다.

- 봤던 책을 또 본다. 수업에 필요한 교재가 아니라면 지금부터 수능까지는 새 책을 살 필요가 없다. 여름방학 때는 넘기는 문제집이 유행이기는 하나 기존의 문제들을 재편집한 것에 불과해 새로운 내용은 없다. 새로운 문제보다 이미 풀었던 문제들을 꼼꼼히 다시 보는 것이 훨씬 남는 장사. 새 책으로 새 공부한다는 감정에 홀릴 때는 지났다.

- 지금부터는 실력보다 자신감이다. 끝까지 한결같은 공부를 하게 하는 건 그동안의

공부 습관도 아니고 지금까지 쌓아온 성적도 아니다. 이제부터 필요한 건 깡다구. 고3의 허무함과 불안감은 전교 1등도 흔들 만큼 인간의 바닥을 드러나게 한다. '지금 내 공부가 최고다' '내가 공부한 문제만 나온다'는 신념으로 흔들리지 않는 공부를 지키자. 매일의 공부는 점수와 상관없이 나를 지키는 방법이며 살 길이고, 점수에 울고 웃지 않는 성숙한 마음을 다지는 훈련이다. 재수 삼수 해본 사람은 안다. 결국 그게 부족해 매년 아쉬웠음을.

이 책 속에 수록된 작품들